株式会社化する日本

平成の実相から戦後日本の深層を読み解く

内田 樹・鳩山友紀夫・木村 朗

詩想社
— 新書 —

まえがき

みなさん、こんにちは。内田樹です。

この本は鳩山友紀夫元総理と木村朗鹿児島大学教授と僕の三人での鼎談を収録したものです。

鳩山さんはいまさらご紹介するまでもなく、民主党政権のときの総理大臣です。政界引退後は東アジア共同体研究所理事長、ＡＩＩＢの諮問委員などを務めて、日本と隣国との間の連携のために東奔西走していることはご案内の通りです（若い人だと、「ご案内の通り」でもないかもしれないですね。いまの日本のメディアは鳩山さんについての報道をずいぶん手控えているようですから）。総理辞任のときにはメディアからは批判の十字砲火を浴びました。そのときにはメディアまわりでは鳩山さんを擁護する人を探すことのほうが困難でしたが、いまもその逆風はそれほどには変わらないと思います。でも、僕は鳩山さんのことは最初に知り合ったときからずっと信頼してきました。どういうところが信頼できるのかと問われると説明が難しいのですが、こういうのは直感的なものです。

政界を引退されたあと、僕の主宰する凱風館（武道の道場で学塾でもあります）にお招きして、講演をしていただいたことがありました。そのときに新神戸の駅までお迎えにゆきました。改札口で待っていたら、向こうのほうから鳩山さんが小さな鞄をひとつだけ手にしてゆらゆらと歩いてきました。驚いて「お一人なんですか？」と聞いたら、当たり前のように「はい」と答えられた。秘書もお供もなしで、新幹線で東京から来たのです。

あの容貌ですから、誰が見ても鳩山さんだってわかります。その少し前に乗っていた自動車が右翼の街宣車に囲まれて嫌がらせをされたことがあったと聞いていましたので、鳩山さんがまさか一人で新幹線に乗ってくるとは思いませんでした。

胆力のある人だなと僕は思いました。

そういうことができるのは、たとえ列車の中で、誰かに議論を吹きかけられても、あるいは罵倒されても、情理を尽くして説けば、相手を納得させ、翻意させることができるという自信が鳩山さんにはあるからでしょう。同じ立場になったときに自分にそれができるだろうか考えましたが、僕にはとてもできそうもありません（僕の受忍限度はわりと低めなんです）。

鳩山さんは人が話をしているときに絶対に話を遮って、割り込むということをされません。これは総理大臣の頃からそうでした。こういうのはたぶん子どもの頃から身になじんだマナーなのでしょう。相手の話が終わるまで、ずっと耳を傾けている。僕は根ががさつな人間で、歯に衣着せずものを言うたちなので、これまでお会いするたびにずいぶん失礼なことも申し上げましたが、いつも黙って聞いておられる。そして、僕が話し終わると「よろしいですか」と一言断り、まず僕の発言に対して謝意を表し、それから自分の意見を述べ始める。このマナーはこの鼎談の間もついに一度も破られることがありませんでした。

鳩山さんは政治家としてはずいぶんきつい経験をされた方だと思います。圧倒的な期待を担った政権交代を果たしたあと、それこそ石もて追われるように総理の座から引きずり降ろされた。聞くに堪えないような誹謗をされたこともありますし、政治的業績について適切な評価を得ているとは言い難い。にもかかわらず、自説に反対する人間であっても、自分の前にいる人間の知性と倫理性に対する信頼を手放さない。それはタフな時間を過ごしたあとも変わっていない。

僕はこういう人のことをその語の本来の意味において「紳士」と呼ぶべきだろうと思います。紳士であることが政治家の適性として必須のものであるかどうか、僕には確信がありません。でも、もしこの鼎談本がこのあと何年か経ってもまだリーダブルなものであり得るとしたら、（ふつうはこんな時事的な問題を扱った書物は数ヵ月で「消費」され尽くして、書店の書架から消えてしまうのですけれど）、そこには鳩山さんの紳士的なマナーのおかげで醸成された対話的な場の空気が深く与《あずか》っていると僕は思います。

もうお一人の話し相手である木村先生のおかげで、僕は自分の政治についてのアプローチの「特殊性」に改めて気づかされました。木村さんは政治学者ですから、データやエビデンス、論理性と厳密性を重んじる。僕は学問的な人間ではありません。僕は政治については幻想や臆断のほうを重く見るからです。なんの現実的根拠もない妄想や気分で、あるいは嘘によってでも、政治的現実は変わる。現にそれで傷つく人がおり、それで破壊される制度がある。ですから、「妄想を侮ってはならない」と僕は思っています。

木村先生と僕の違いは本書ではとりわけ天皇制をめぐる議論で際立ったように思います。どういうふうに違ったのかは本書を徴《ちょう》してお確かめください。学問的なアプローチと非学問的なアプローチという二つの視座から見たことで、天皇制の問題はずいぶん立体的に見えてきたのではないかと思います。

いささか意外だったのは、天皇制についての評価において、鳩山さんと僕がかなり近い立場にあったことです。鳩山さんは実際に天皇陛下皇后陛下と親しくお話をする機会に恵まれた方です（僕は文献的にしか存じ上げません）。ですから、鳩山さんの証言は僕にとってはとても貴重なものでした。

天皇制についてここでなされた意見のやりとりは、沖縄の基地問題と東アジア共同体と並んで本書の核心的な論件ですので、そこはみなさんにはぜひじっくり読んでいただきたいと思います。

本書は平成という時代が終わるときに、いわばその総括としてなされた鼎談です。おそらく同じ趣旨で同時に多くの書籍が世に問われると思います。その中にあって、別に一時的に話題になることがなくても、長く読み継がれる本であってほしいと願っています。

最後になりましたが、編集の労をとってくださった詩想社の金田一一美さんのご尽力に感謝申し上げます。小さな出版社でたいへんだと思いますけれど、一人でも多くの読者の手に届くように一緒にがんばりましょう。

二〇一九年一月

内田　樹

株式会社化する日本◎目次

第1章

平成時代と対米自立の蹉跌

第2章 あらゆるものが株式会社化する特異な時代

第3章　グローバル資本主義の末路

第4章

沖縄問題からみた新しい世界地図

写真撮影／ヒロタノリト
校正／萩原企画

第一章

平成時代と対米自立の蹉跌

カネの力、国際社会の信望によって対米自立を果たすという幻想

木村　平成の三〇年とはなんだったのかを考える場合、日本は本当に独立国家であるのかといった対米従属の問題は避けては通れません。なぜ戦後日本がアメリカの属国、あるいは事実上の植民地と言われている状況を続けているのか、あるいは続けさせられているのか。この問題の根源について、どうお考えですか。

内田　常々言っていることですが、日本は歴史的に見ても、ここまで敗けた国はないぐらいひどい敗け方をしたのです。もう少し前、一九四二年のミッドウェー海戦で敗けた時点で、遅くとも四三年に絶対国防圏が敗れた時点で講和していれば、三一〇万人の戦死者を出さずに済んだ。せめて一年前に停戦していれば、南方での戦死者・餓死者や非戦闘員の被害もずっと少なくて済んだし、東京や大阪の大空襲も原爆投下もなかった。早めに講和していれば、日本人が自分たちの力で戦争責任を追及することもできたし、自力で改憲し、

統治形態を刷新することもできた。朝鮮半島や台湾や南方の植民地は失ったとしても、北方領土と沖縄を米ソに占領されるようなことはなかった。でも、敗戦がわかったあとも面《メン》子《ツ》にこだわる軍部にひきずられて、ずるずると無意味な戦争を続けて、すべてを失ってしまった。歴史上類を見ないほどのひどい負け方をしたせいで、国家主権を失って、アメリカの属国となってしまった。

対米従属以外に戦後の日本の国家戦略はあり得なかったのは、端的に「敗け過ぎた」からだと僕は思っています。別に複数の選択肢の中から対米従属を選んだわけではない。それしかなかったのです。対米従属を通じて、アメリカの同盟国として、アメリカの信頼を勝ち得て、いずれイーブン・パートナーとして遇されるまでになって、ある段階で国土を回復し、国家主権を回復するという「対米従属を通じての対米自立」というのは、もうそれ以外ないという必然性のある国家戦略だったわけです。

実際に、一九五一年のサンフランシスコ講和条約で、日本は形式的には国家主権を回復しましたし、占領も終わった。六八年には小笠原が返還され、七二年には沖縄の施政権が返還されました。ですから、一九七二年の段階までは「対米従属を通じて対米自立を果たす」という、敗戦国の苦肉の国家戦略は、それなりに合理性があったと思うのです。

しかし、沖縄返還のあと、主権回復、国土回復の動きはぱたりと停滞する。本土の基地がただ沖縄に移動しただけで、横田空域、横須賀基地、厚木基地、三沢基地などは返還されなかった。いまも日米合同委員会による日本のコントロールは続いています。けれども、その過程で、一瞬、国権回復の希望が見えたこともあったと僕は思っています。それがバブル経済のときです。

六〇年代から日本のビジネスマンたちは凄まじい勢いで海外市場に進出しますが、高度成長期を支えた「エコノミック・アニマル」たちの心情は、少なからず敗戦国民のルサンチマンによってドライブされていたと思うのです。

江藤淳がプリンストンにいる頃に、旧制一中の同級生とニューヨークで会うという話がエッセイに載っています。その同級生が、「戦争はまだ終わっていない。戦争が終わったなんて寝言を言っているのは、おまえたちのような文士だけだ。俺たちがなんのためにこんなに東奔西走していると思っているんだ。俺たちは戦争をやっているんだ、アメリカ相手に戦争をしているのだ、今度は敗けられない」と語ったというエピソードを江藤が紹介しています。多少の誇張はあるかもしれませんが、六〇年代、七〇年代に経済活動の先端にいて「産業戦士」と呼ばれた人たちは、確かに「アメリカに経済で勝つ」ということを、一つの目標にしていたし、それを公言してもいた。

そして、実際に一九六八年にドイツを抜いて、世界第二位の経済大国になったとき、「アメリカの背中が見えた」という実感が日本人ビジネスマンにはあったのだと思います。

そして、八〇年代中頃には、「もしかしたらこのままいけるんじゃないか」という思いが去来した。アメリカを抜いて世界一の経済大国になって、国家主権をアメリカからカネの力で買い戻すということができるんじゃないか、と。

現に、八九年に、三菱地所はニューヨークのワールドトレードセンターを買い、ソニーはコロンビア映画を買いました。あれは利益を求めたというより、むしろアメリカに対して挑戦するという、象徴的な行為だったんじゃないかと思います。摩天楼とハリウッド映画を日本企業が買ったわけですから。

バブルの当時「日本の地価を足すとアメリカが二個買える」ということがよく言われました。言っている人たちは、なかば本気だったと思います。日本のカネがあれば、アメリカが持っているものでも、値札がついている限り、なんでも買える、と。摩天楼とハリウッド映画が買えるなら、国家主権だって、国土だって金で買い戻すこともできるんじゃないか。そういう夢想が、そのとき一瞬、日本人の脳裏をよぎったのではないかと思います。

あの時期の日本人が妙に多幸的で、ある種の全能感に酔っていたのは、たぶんそれが理由だった。もうアメリカの風下にいなくても済むのではないか。その気配を感じたからこそ、「こいつら、属国民のくせして宗主国に楯突く気なのか」と、アメリカが一気に日本をつぶしにかかってきた。史料的根拠は乏しいのですが、バブルの崩壊にはアメリカがかなりコミットしていると僕は思っています。

結局、「カネで国家主権を買い戻す」という、日本人の口には出されなかった暗い欲望は満たされることなく終わってしまった。その絶望が「失われた二〇年」の心理的な基盤を形づくった、と僕は思います。

二〇〇五年、小泉総理のとき、国連安保理の常任理事国に立候補するということがありました。これはもう「カネで国家主権を買い戻す」ことが不可能になったので、今度は国際社会における信望をテコにして、政治大国化しようというアイディアでした。

でも、ひさしくアメリカにべったりと追随してきて、戦争責任を果たしてこなかったことが災いして、アジア諸国からはまったく支持が得られなかった。中国も韓国もASEAN諸国からも支持されなかった。政治大国になって、アメリカのイーブン・パートナーとして国際社会に登場するという夢もそこで潰えた。

そして、そのあとに鳩山さんが登場するわけです。もうアメリカに対して切る外交カードが何もない。その状況で対米自立を図るというたいへん苦しい局面に鳩山さんは遭遇したわけです。そして、沖縄の米軍基地の移転をアメリカ相手に切り出して、国内の対米従属テクノクラートに寄ってたかって引きずり降ろされた。

安倍さんはその鳩山さんの失脚を見て、そこからかなり多くのことを学習したと思うのです。もう対米自立は無理だ、と。いま日本には、アメリカに対して切るカードなど何もない。もう対米自立という長期的な国家目標は諦めよう。とりあえず、これまで日本を駆動してきた「対米従属マシーン」を走らせ続けている限り、属国内での支配層という地位はアメリカが保障してくれる。「安保国体」と白井聡さんが呼ぶこのシステムを存続させている限り、日本にはもう未来がないけれど、自分たちは支配層にとどまり、権力を保持し続けられる。

そう考えて、国益を代償にして自己利益を確保しようとする人たちが日本の支配層を占めるようになった。それが第二次安倍政権になってからあとの、恐ろしいほどの勢いでの国力の衰微と、国際社会における地位低下をもたらしている。それが現状だと思います。「対米従属テクノクラート」と呼ぶべき一団の人たちが日本の方向を決めていますが、残念ながら、この人たちには、もう国家戦略がない。日本をこれからどうしたらいいのか、どうすれば日本の国益は最大化するのか、どうすれば日本国民は幸福になるのかについては、なんの成案もない。外交的には対米従属以外に戦略がない。内政では、権力の独占と自己利益の増大以外に関心がない。経済力もない、政治的指南力もない、オリジナルな安全保障構想もない、何もない。だから、五輪だ、万博だ、カジノだ、リニアだ、というような時代遅れの打ち上げ花火的な公共事業と、「日本スゴイ」とか「クール・ジャパン」とかいう貧乏くさい幻想を振りまくくらいのことしか思いつかない。

「日本を取り戻す」というような言葉が出てくるのはそのせいです。「取り戻す」のは未来がないからです。過去のどこかに、日本の黄金時代があった。そういう存在したことのない幻想的な過去を語って、あそこに戻ればいいと言う。「過去への回帰」が魅力的なソリューションに思えるというのは、未来がないからなんです。日本にはもう未来がないということを彼らだって感じ取っている。二〇年後、三〇年後の日本はいまよりもっと貧乏になって、いまよりもっと国際社会での地位が低下しているだろうということがわかっている。だから、とりあえず手元に残っている国民資源のうち、自分のふところに掻き集められるだけのものを掻き集めて、泥舟が沈み出したら、真っ先に逃げ出す算段をしている。

鳩山政権崩壊で可視化された日本を動かしている本当の勢力

木村　冷戦終結後、日本が本来ならば主権を回復し、真の独立に向かう可能性はあったと思うのです。内田さんがいま、バブル期のことを言われましたが、九〇年代の前半、政治改革の一環としての小選挙区制導入問題と重なる形で、五五年体制が崩壊し、初めての非自民党政権である細川政権が登場しました。その当時、鳩山さんも、新党さきがけのメンバーで、官房副長官として参加されていました。

細川政権は初めての非自民党政権として、対米自立志向がありました。例えば、安全保障分野で、日米同盟以上に国連や多角的なアジアの安全保障機構を重視する方針を打ち出していた樋口レポートなどが、その象徴だったと思います。

その後、二〇〇九年夏の政権交代で登場した鳩山民主党政権は、細川政権の流れを受け継いで、それをさらに発展させる形で対米自立を志向し、その実現を模索していたと思います。ところが結果的に普天間基地移設問題、あるいは東アジア共同体構想、その理論的基礎として「常時駐留なき安保」の問題などもあって、挫折するに至ったという経緯があります。

内田　二〇〇九年で政権交代を成し遂げたあと、鳩山さん自身は対米自立のロードマップとして、どのようなものを考えていらっしゃったんですか。

鳩山　結論を申し上げると、対米自立のロードマップを、もっと慎重につくり上げていけばよかったのですが、そういった部分の議論が中途半端のまま、少なくともいまの状況を変えなきゃいかんということだけで動き始めていったことが、そうとう問題であったのだと思います。

いま、細川政権のお話も出ましたが、数年前に細川さんと、かつてを回顧しながら食事をとったときに、細川さんがおっしゃったのは、これからこの国の政治を志す人間は、いかにアメリカに対してきちっと対峙をして、志をしっかり持つかということがとても大事であり、自分はそれが不十分だったということです。

私もその通りだと思いました。アメリカに対して、より自立した日本をつくらなきゃならんということは感じていながらも、そのことに対する心構えが、お互いに不十分だったという話が、二人の食事の中の結論だったのです。ですから、将来、またなんらかの新しい流れをつくるときには、そういう政治勢力を起こさないといけませんねという話をして、お別れしたのです。

まさに先ほど触れられた樋口レポートなどで、細川さんもアメリカ一国に頼るだけではなく、多国的な安全保障の道を目指せというレポートを出しましたが、これはアメリカだけではなく、国内でも批判を受けているわけです。少なくともアメリカには好意的に受け取られていなかったので、たぶんご自身、突然に総理をお辞めになられましたが、米国に対する、ある意味で自分自身の力が足りなかったという反省の中で、辞められていったことと思います。そのことを私がもっと以前から伺っていれば、鳩山政権のときに、自分自身の強い心構えとして持ち得たと思うのですが……。

私は総理として、アメリカをより重視するこれまでの日本の外交姿勢では、必ずしも国民にとって十分ではないから、中国などのアジアに軸足を移すような方向にしなければいけない。それには東アジア共同体というものが、一つのメルクマール、目標だというふうに考えました。

それから、いわゆる「常時駐留なき安全保障」という考え方が、やはりこの国の安全保障としては理想的だが、なかなかそう簡単にはいかないだろうと思い、そのための一歩を進めるきっかけとして、沖縄の普天間基地の移設問題があり、これを解決して、最低でも県外、できれば国外に移設先を求めていくということが、一つのステップとなり、その先に、より米国から自立した外交姿勢をつくり上げていくことができるのではないかと考えました。テーマを絞って、その問題に集中し、答えを出すことによって、日本のこれからの外交の方向性をつくり上げていけるのではないかと考えたのです。そのために日米地位協定をどう変えていくのか、変えていけるのではないかという話をしていたのですが、この一つひとつがすべて、壁に当たるわけです。

私は恥ずかしながら日本の官僚と米軍人との間の日米合同委員会が毎月二度、秘密裏に行われているというようなことも、その会議の内容もわかっていなかったものですから、現実問題としては、アメリカに対してものを言う前に、先ほども話に出てきました日本の対米従属テクノクラートの人たちの抵抗に遭遇することになりました。そして、その壁を破れなかったというところで、対米従属から自立のシナリオを描けませんでした。

当時はどのような力が働いて、なぜ自分の思うように物事が進まないのか、私自身もよくわからなかったというのが本当のところで、総理を辞めたあと、たくさんの方がたの知恵や知識から学ばせていただき、実際に自分はどこで躓《つま》いたのかがわかってきたような状況です。

こういった事実を知った以上は、政治家や知識人、あるいは志を持った人たちが、いかに対米自立をつくり上げていくか、しっかりと研究をして、行動を起こすような状況をつくらないといけないと思っています。そうしないと、日本がますますアメリカに従属的な行動を迫られ、結果として、国民が朝鮮半島や中東での戦争において、集団的自衛権の行使で、例えば人命を失うようなことになったり、日本国民の国益を害するような結果が起こってくるようなことになるのではないかと非常に心配です。

ですからいまこそ私は、こういった対米自立の志を持ったグループを、内田先生に、なんらかの核になって、つくっていただくことが必要だと思うのです。

内田　国内に対米従属テクノクラートという巨大なクラスターが存在していて、この人たちが政策決定しているなどということ、この対米従属マシーンには首相を失脚させるほどの力があるということを、あのとき、二〇一〇年にわれわれも初めて知ったのです。ですから、対米従属の構造を可視化したということは鳩山さんの大きな功績だと思います。

官僚たちの中には対米従属を深く内面化している人がいたのはわかります。戦後ずっと自民党の政治家たちと官僚たちが対米従属のシステムを精密化してきたわけですから。僕がいちばん驚いたのは、対米従属マシーンの中に多くのジャーナリストと学者たちが含まれていたことです。どう考えても、鳩山さんは国土を回復し、国権を回復し、日本の国益を増大させるために行動していた。にもかかわらず、「アメリカの機嫌を損なった」というただひとつの理由で、官僚のみならず、メディアからの集中砲火を浴びた。日本の国益とアメリカの国益、両方を勘案した場合にはアメリカの国益を優先すべきだ、アメリカの国益を最大化することが自動的に日本の国益を最大化する道なのだと信じ切っている人たちが、メディアの多数派を占めていた。そのことに僕は愕然としました。

鳩山　新聞の一面トップに、アメリカが怒っているということを書かれました。とても象徴的なことです。

内田　ジャーナリストというのはもう少し常識的だろうと僕も思っていたのです。当時、ある新聞記者に「なんで君たち、あんなに鳩山さんをこきおろすの？」と聞いたら、聞かれたことに驚いていました。「え！　内田さんは、鳩山さんを評価しているんですか？」と言うので、「僕は評価してるよ。個別的な政策のどれが問題なの？」と聞くと、困った顔をしていた。個別的な政策の適否について論評していたわけじゃないんです。社内的にはもう「鳩山はダメだ」という判断が決定済みで、その空気にみんなが流されていて、反論できる雰囲気ではなかった。そういうことのようです。

他の敗戦国と異なる特殊な対米従属はいかに確立されたか

木村　鳩山政権が崩壊に至った経緯を考えていくと、かつてのロッキード事件と酷似する部分が垣間見えます。あのときは日中国交回復や独自の資源外交を行った田中角栄元首相がターゲットになって失脚したわけですが、メディアだけでなく、司法もそうした動きに加担しました。最高裁までが当時の日本の法制度にはない司法取引に、田中角栄追い落としのため血眼になって協力したのです。

鳩山政権が退陣することになった経緯にも、こうしたメディアと司法の結託による情報操作と、いわゆる「国策捜査」が指摘できると思います。二〇〇九年夏の政権交代選挙の半年前から小沢一郎議員の大久保秘書などが逮捕され、民主党が政権をとったあともメディアと検察の追及・攻撃が続きました。そうした攻撃の頂点が検察審査会による二度目の起訴相当議決の採択によって、小沢さんが刑事被告人にされたことでした。この問題では検察審査会への捜査報告書の改ざんが表面化するなどあり、小沢さんは無罪になりましたが、大久保秘書を含む三名の秘書については有罪になるという経緯もありました。鳩山さんについても、政治資金の問題で非常に大がかりな攻撃が同時期に行われていました。これらはやはり、当時、政権の中心人物であった鳩山さん・小沢さんが、アメリカを中心とした戦後の「安保国体」ともいえる政官業学報の基本構造に挑戦しようとしたことに対する既得権益層からの反撃であったと思うのです。

当時の民主党の内部を含め、その既得権益の側に回った人々のメンタリティは、まさしく自発的従属・隷従としか表しようのない奴隷根性そのものであったといえると思います。世界中で、アメリカに従属している国々は多いのですが、日本が非常に特殊なのは、自ら奴隷のように従属的対応を進んで行うようなところです。こうした日本の対米従属の特殊性については白井聡さんも指摘されていますが、これがなぜなのかというのが、少しわかりにくいということが一つあります。

この点に関連して、内田さんは「暖簾《のれん》分け戦略」という重要な指摘をされていますが、その問題も含めて、少し説明をしていただければと思います。

内田　「暖簾分け」というのはたぶん他国ではあまり見ることができない習慣だと思いま

す。主人に徹底的に忠誠を尽くすことを通じて独立を果たす。戦前までだと、大店《おおだな》に子どものときに丁稚奉公で入って、手代になって、番頭になって、ある日、大旦那さんに呼ばれて、「これまでよく尽くしてくれた。これからは自分が一国一城の主になって、自分の差配で商いをやりなさい。暖簾は分けてあげよう」と言って独立するというキャリアパスが確かに存在しました。だから、日本人にはそういうプロモーション・システムの合理性は実感としてわかるんです。なんの社会的能力もない子どもが、住むところ、食べるもの、着るものを保証されて、職業訓練を積む。やがて、成長して、十分な職業的能力を獲得した時点で、独立することを許される。徹底的な従属が将来の独立に結びつくということについては、心理的な素地がある。ヨーロッパの国で、「徹底的に従属すると、そのうちご褒美として独立を許してもらえる」という発想はまず理解されないでしょう。

対米従属には、そういう日本固有の伝統的なキャリアパスが確かに関与していると思います。でもやはり、対米従属を合理化した最大の理由は、最初に申し上げたように、「戦争で敗け過ぎた」ということに尽くされると思います。もう少し控えめな敗け方をしていたら、ここまでの対米従属はなかった。それは他の敗戦国と比較するとわかります。

同じ枢軸国の敗戦国であるドイツでも、戦後には日本のような卑屈な従属外交はしていません。無条件降伏という敗け方のひどさは日本と変わりませんが、日本と違うのは、一つはナチスと戦っていたたくさんの人たちがドイツ国内にいたこと。ヒトラーの暗殺計画は、有名なワルキューレ作戦など、何度も国内のエリート層によっても試みられました。もう一つは、東ドイツが主観的にはナチと戦って「勝った」国だということ。ドイツの半分は主観的には戦勝国として敗戦を迎えたのです。だから、東ドイツには、ナチスの犯した戦争犯罪を告発する権利はあっても、それについて謝罪したり、責任を負ういわれがない。東西ドイツの合同で、ドイツは様々な複雑な要素を国内に抱え込むことになった。だから、ドイツは「超大国に従属する」のではなく、国内外の複数の対立するファクターを巧みに制御するという政治技術を洗練させることで戦後を生き延びるしかなかった。その政治的成熟度が日本との際立った違いだと思います。

イタリアも実は敗戦国ではないのです。四三年に連合軍と講和して、以後は連合軍の一環となってドイツと戦っているからです。四五年の七月には対日宣戦布告までしている。ですから、手ひどい敗け方をしましたけれど、形式的には戦勝国として終戦を迎えることができた。

フランスが戦勝国になれたのは、ほとんどシャルル・ド・ゴールという人の個人技のおかげだと思います。ド・ゴールがロンドンに亡命政府をつくったときに、ほとんど実体がありませんでした。第三共和政の正当な後継政体はペタン元帥のヴィシー政府でしたし、ド・ゴールはそこで欠席裁判で死刑判決を受けています。ド・ゴールの亡命政府や海外領土に残った軍隊や国内のレジスタンスなど、ドイツと戦い続けた国内勢力があったせいで、最終的にフランスは戦勝国のような顔をして戦後の国際社会に登場しましたが、ほんとうは敗戦国なのです。

ドイツも、イタリアも、フランスも、そういう「獅子身中の虫」のような国内の抵抗勢力があって、戦争指導部に抵抗していた。だから、戦争に敗けたけれど、「敗け過ぎる」ことがなかった。戦争指導部の責任と国民の責任を切り分けることができたからです。リスクヘッジが効いていた。だから、敗戦後も、自国民の中に、自国の敗戦の戦争責任を問責できるだけの倫理的な資格のある政治勢力が存在した。でも、日本には、そのようなものが何もなかった。

国内に戦中に戦争指導部に激しく抵抗していた政治勢力が存在していれば、どれほど弱小なものであっても、その勢力が戦後日本を再構築するときの道義的な足場になれた。そこを足がかりにして、日本人の手によって、戦後の政体構想を立てることができた。憲法も自主的に制定できた。でも、それができなかった。敗戦したあと、国を再建するときの足場になる石ころ一つなかった。

それだけではなく、占領政策が非常に巧妙だったことも挙げられると思います。米軍は日本と戦争して勝った場合、どうやって統治するかということについて、事前に十分な準備をしていた。ルース・ベネディクトの『菊と刀』は日本人のメンタリティと組織文化についての歴史的名著ですけれど、ベネディクトはこのレポートを戦時中に戦争情報局の仕事として行っていた。文献だけでなく、日系移民や日本兵捕虜とのインタビューを通じてレポートを書き上げた。そういう精密な研究を踏まえて、マッカーサー元帥は戦後日本の占領についてはほぼ下絵を描いた状態で乗り込んできたのです。

日本の戦争指導部は「アメリカに勝った場合に、アメリカをどう占領するか」についての精密なレポート作成なんかしていなかったと思います。どう統治すれば、アメリカ人に好感され、抵抗なく対日協力を実現させるかについて具体的なプランを練っていた軍人なんか参謀本部には一人もいなかったと思いますよ。アメリカに勝てるなんて本気では誰も信じていなかったから。

その点で言えば、日本はアメリカにはじめから敗けていたのです。占領下では、検閲もあったし、左翼勢力に対する弾圧もあったし、リベラル派の公職追放もあった。政治的にはそうとうえげつないことをしていたけれど、そういうことはきれいに隠蔽されて、日本人のマジョリティは米軍を「解放軍」として歓迎した。リベラル派には日本国憲法を与え、右派のためには天皇制を残し、のちには岸信介たち戦犯を保守党のトップに据えて、左右どちらにも「いい顔」をしてみせた。たいしたものです。

圧倒的に占領軍のほうが政治的に成熟していた。ですから、敗戦後の日本を再建しようとするときに、自分たちだけのオリジナルな足場というものがなかった日本人が宗主国、戦勝国であるアメリカにすがりついて、アメリカの指示に従ってゆくしかなかったのは当然なのです。占領下の一〇〇パーセントの対米従属から始まって、少しずつ権限委譲をしてもらうという以外の国家戦略を思いつけなかった。

すべては敗け過ぎたせいです。そして、敗け過ぎたのは、国内に戦争指導部に抵抗する政治勢力を、たとえ弱小であっても、担保しておくという知恵が回らなかったことです。

ミッドウェー海戦で海軍主力を失った時点で、「この戦争には敗ける」ということはわかっていたはずなんです。そのときに「どうやって被害を最小化するか」というプラグマティックな方向に発想を切り替えるべきだった。でも、そういうリスクヘッジもまた国を思う愛国的なふるまいであるという考え方を日本人はしなかった。「一億火の玉」で戦って、敗けたら「一億総懺悔」ではいつくばる「一蓮托生」という生き方を選んだ。まことに幼児的だったと思います。そのせいで、戦後七〇年以上経っても、われわれは属国民の地位に甘んじているわけですから。

アメリカではなく、アメリカ軍に支配されている現実

鳩山　いま、すばらしいお話を伺えて、その通りだと思うのです。すなわち何が欠けていたかというと、この日本が日本国民の手で、戦争責任の総括をしなかったということですよね。

内田　そうです。

鳩山　東京裁判はありました。その東京裁判のよし悪しはあると思いますが、それを日本は受け入れて、そして独立を回復していったという経緯ですから、まさに他国によって、この国が動かされてきたわけです。

本当はそこで、東京裁判は東京裁判として、自分たちの手で総括というものを、きちっと行って、過去、なんでこのような大失敗をしたのかというところを、自分たちの責任のもとで、そこで罪のある人間と、それからそうではない人に分けて、過去の歴史を断ち切

ることが必要だったのです。それがなかったものですから、官僚の人たちは結果として、そのあとも生き残っていくわけです。そうして、官僚が中心の国家形成がなされてきたのではないでしょうか。

官僚たちは、連合国である米国の意思のもとで動かされることでスタートしますが、少なくとも当時の政治家たちは、先ほど内田先生がおっしゃったように、対米従属のふりをしながらも、いつかは自立してやるぞという気持ちを持っていたのだと思います。しかし、徐々に官僚主導の政治体制の方向になり、対米従属であることが官僚の自己保身になり、まさに彼らの立身出世のためには、対米従属にどっぷり浸かったほうがいいという日本にしてしまったわけです。私はそこを改革しようと試みたのですが、大失敗してしまった。

内田　やはり対米従属マシーンは時間をかけてつくり込まれたシステムですから、制度としてはよくできています。安倍政権がこのマシーンの操縦については熟練していることは率直に認めなければいけない。このマシーンの最大の特徴は「信賞必罰」です。つまり、従属的なふるまいについてはただちに高いポイントを配当し、反抗的なふるまいはただちに厳しく処罰する。その査定の精度が非常に高い。そして、報奨を与え、罰を下すまでのタイムラグがきわめて短い。格付けシステムとして、これほど完成度の高いものをつくり上げた政権は過去になかったと思います。現代日本の秀才たちは、「査定が正確で、入力してから出力するまでのタイムラグがないシステム」を偏愛しています。だから、それが理由で安倍政権を支持している人がエリート層に多いのは僕には理解できます。

木村 対米従属で、長期政権になったのが、中曽根、小泉、安倍という三つの政権です。逆に対米自立志向の政治家は短命でした。終戦直後からいえば、まず、石橋湛山です。それから首相になる直前で追放され、その後復活して日ソ国交回復を実現した鳩山一郎さんも対米自立志向で、アメリカに排除された人脈の中に入ります。田中角栄さんはもちろんそうですし、細川さん、鳩山さん（首相以外では、小沢さん）と続きます。僕はそれ以外でも、これは孫崎さんが『戦後史の正体』だけでなく、『アメリカに潰された政治家たち』でも触れられている人も含めて言うと、小渕さんや橋本さんなども潰されたと言いますか、なんらかの形でかかわりがあったと思います。

内田 田中派が軒並みやられている。

鳩山 そうなんですね。リベラルというか、中国をかなり重視する立場とも言えるでしょうか。

木村 そうなんです。そういう意味では、ターゲットになったのは田中派とその流れをくむ経世会（竹下派）だったですよね。

内田　親中国的な人たちが標的になる。

木村　ですから、鳩山さんが提唱されている東アジア共同体という構想も、日中友好を柱にしようというものでもありますので、それがアメリカの虎の尾を踏んだというところがあると思います。

僕はアメリカの日本支配の特徴は、日本が自発的に従属するという点と、他にもう一つあり、それは沖縄だけでなく、日本全土が米軍の戦利品となっているという点です。先ほど日米合同委員会を通じた日本支配という話がありましたが、この日本支配は、アメリカ政府というよりも、ペンタゴン、米軍による支配という特殊な形になっているというところが、非常に大きな問題だと思うのです。

内田　ワシントンじゃなくて、米軍ですね。だから、いまでもある意味では軍事占領なんです。文民支配ではない。われわれは「対米従属」というざっくりした言い方をしますけれど、実際にはアメリカ政府が支配しているのではなく、アメリカの中のある軍産複合体系のクラスターが日本を支配しているように僕には見えます。

鳩山　その象徴が、トランプ大統領が訪日の際、米軍横田基地に降りて、そこから入国したことです。

木村　まさに日本が、アメリカの属国であることの象徴的出来事でした。

鳩山　オバマ大統領のときは、あのようなことはしなかった。

内田　あからさまですね。ここは「うちのシマ」だということを誇示したのでしょう。横田はグァンタナモと同じだ、と。

鳩山　そうですよね。だからパスポートも要らないのです。入国審査も受けない。ある意味、植民地意識ですよね。

木村　だから日本に正式に、入国したことにも、出国したことにもなっていない。こんな驚くべき仕方で訪問したことで、日米両国の支配・従属関係の問題が一気に可視化したとも言えますよね。

内田　先ほど検察の話をしましたけども、日米合同委員会に出席できる委員になるのがどの省庁でも出世コースだそうですけれども、法務省からの委員はその後ほとんどが検事総長になってゆくと聞きました。

鳩山　そうらしいですね。トップになっている。

内田　だから日米合同委員会が日本の検察に強い影響力を及ぼしているということは確か

だと思います。日本の検察は米軍の「軍益」を優先的に配慮する仕方で動いている。

　われわれは「ホワイトハウスが」、「アメリカが」と言いますけれど、アメリカだって一枚岩のシステムじゃない。日本を支配している実質的な主人は、ホワイトハウスではなく、米軍です。米軍という一組織の損得を中心にして、日本の支配は行われている。アメリカ全体の利益とは相対的に独立したものとしての「米軍の軍益」という補助線をひとつ入れると、対米従属のいろいろなわかりにくい点がわかりやすくなるのではないでしょうか。

木村　検察の問題はすごく大きいと思います。日本の検察は戦後直後からのいきさつもあって、アメリカとの関係が強いことは孫崎さんなどが指摘されていますよね。そこも大きいのですが、検察、法務省だけが特別に認証官が非常に多いという問題もあります。だから彼らは、自分たちは特別に選ばれた、国家を主導するエリートだという選民意識を非常に強く持っているということがあります。こうした歪んだエリート意識にメスを入れないと、現在の異常な官僚支配と日米関係のあり方を根本的に変えることはできないと思います。

　対米自立路線をとる政治家たちが失脚していく際には、まずメディアによるバッシングが先行し、その後に必ず特捜検察などが動いて、潰されてきた構図があるということが徐々に明らかになってきています。日本の真の独立と民主主義の実現のためには、この問題はこれからも避けては通れない重大な問題だと思います。

敗戦時のまま日本に存続する「北方領土」と「南方領土」

木村　対米従属の問題として、いわゆる「思いやり予算」の問題があると思います。

現在米軍が駐留している国は、世界中で百数十ヵ国あると言われていますが、そのすべての駐留国のホストネーション・サポート（「駐留受入国支援」）の経費の半分以上は、実は日本が一国で負担しているという現実があります。ダントツなんです。

この思いやり予算があるからこそ、日本からアメリカは撤退しないのだという指摘もあります。トランプ大統領は大統領選中から、もっと米軍駐留経費の負担を多く受け入れろ、そうでなければ撤退すると言っていたと思います、この点についてはどう思われますか。

鳩山　撤退すればよかったね。

内田　本当にすればよかった。

木村　もし日本側が、思いやり予算はもういっさい出さないと言えば、そういう米軍撤退のシナリオもあり得たと思うのです。しかし、日本側が思いやり予算を削減したり撤廃したりすることはあり得ないという現状があるのも事実です。

鳩山　名前が「思いやり予算」ということで、言葉からして、国民の皆さんが反対しにくいような名前を付けておりますが、本来、この日本の安心、平和のために彼らが駐留をしているということであれば、それなりにサポートすることもあり得るかと思いますが、そうであっても、例えば米軍の関係者が娯楽のために使うような施設まで、日本が支払う必要があるとは、とても思えないわけです。

内田　ゴルフ場とか。

鳩山　そういうものまでサポートしているわけでしょ。本来だったら、そこで働いている日本の人たちぐらいならば、あり得ると思いますが、それをはるかに超えたサポートをしていますよね。

私はそれはなんとか見直せないかと、われわれの政権のときも思ったのですが、十分にはそれができなかった。そこは情けないと思うのですが、思いやり予算をゼロにするとはなかなか言いにくいかもしれませんが、本来のあるべき姿にまで戻すという言い方は、あり得ると思います。

それでも米軍がここにいることが必要なのかどうかということを、米軍、米国だけではなく、日本人ももっと学ばないといけないと思うのです。沖縄を中心とする米軍の存在というものが、果たして日本の平和のために、どこまで役に立っているのかというところを、きちんと日本人は理解しないといけない。特にいまのような北朝鮮問題があると、北朝鮮のような国がそばにあるから、当然、米軍にはいてもらったほうがいいし、むしろ充実すべきだといった、ある意味、感情論の中で、間違った方向に行く可能性すらあるような状況だからこそ、なんのために米軍が沖縄を中心として存在しているのかということを理解する必要があると思います。ホストネーション・サポート、つまり思いやり予算がなければ、米軍はいなくなるくらいの可能性を持っています。

すなわち彼らとすれば、必ずしも沖縄でなくたっていいわけですよ。ただ沖縄がいちばん居心地がいいし、こんなにサポートしてくれるなら、ありがたいなという話で、いるだけですから、決して日本の国民を守るのが、最優先課題じゃないのです。

内田 占領下のときの発想と同じですよね。鳩山さんのご本の中に、占領軍がゴルフ場の管理経費とか、オフィサーの飲み食いとかまで全部、日本政府にツケ回しをしてきたので、石橋湛山が「こんなものおまえらが自分の財布から払え」って、ＧＨＱに突き返したら、公職追放になってしまったという話が出ていましたね。自分たちの遊興や飲み食いのツケまでホストネーションに回すというのは占領軍のときから七〇年間やっているということです。「そんなものは自分で払え」と突き返したら官僚の場合はキャリアがそこで終わるということはわかっている。だから、自分の出世が大事な官僚たちは、あきらかに「こんなもの日本政府が払う筋の金じゃない」とわかっているものでもどんどん払ってしまう。GHQの時代と変わっていないんです。

米軍駐留のロジックは占領時から変わっていない。ポツダム宣言では「日本国内の軍国主義勢力を一掃するまでは、われわれはここに駐留する」と言い、サンフランシスコ講和条約のあとに締結された旧安保条約では「日本には自衛のための軍事力さえないので、われわれが駐留して守る」と言う。日本には戦力が残存しているからそれを根絶するまで駐留すると最初は言い、日本には戦力がないのでこれを守るために駐留すると次は言う。要するに、日本がどういう状態であろうと米軍は日本を占領し続ける、と。そう言っているわけです。そのロジックは一九四五年から今日まで変わっていない。米軍は戦勝国の軍隊だから日本を占領しているのです。ホワイトハウスが外交的配慮から基地撤去を検討したとしても、現実に日本占領から「軍益」を得ている米軍には既得権を返還する気なんかかない。でも、他国の領土を不法占拠しているということは、アメリカ人だって自覚している。これ以上日本に留まっている地政学的な理由もないということは、米軍にだってわかっている。でも、「うまみ」があるから残っている。

鳩山　だから日本の国民がわかっていないのです。不法占拠だというふうには思っていないのです。

内田　「北方領土」に対して、沖縄を「南方領土」と僕が呼ぶのはそのせいです。北方領土はソ連が不法占拠し、沖縄はアメリカが不法占拠している、と。敗戦時点のままなのです。そのときから状態は変わっていない。

木村　まさしくそれは「終わらない占領」ということだと思います。

鳩山　南方領土ねぇ。

内田　そうです。北方領土のロシアからの返還は、南方領土のアメリカからの返還と同時的になされないと無理なんです。南方領土に米軍を残しておいて、北方領土だけ返せと言ったって、ロシアが呑むわけがない。北方領土を返還して、そこにもし米軍基地をつくられたらどうするのだということになる。返還するのなら、南北同時以外にはあり得ない。日本国民としては北方領土と南方領土の同時返還というのは、こんなありがたい話はないわけです。でも、北方領土の返還の前提条件は、沖縄のみならず日本国内の全米軍基地の撤去です。プーチンは必ずそれを要求してきます。安倍政権だって北方領土の返還を要求するためには、国内の米軍基地の全面撤去というカードが必要だということは論理的には理解しているはずです。でも、それは米軍に既得権益を放棄しろということですから、できるはずがない。そんなことを口に出した瞬間に対米従属マシーンが安倍を首相の座から引きずり降ろすことになることがわかっていますから。自分の地位を保全するためには、米軍にとって都合の悪いことは絶対にしない。ですから、「北方領土と南方領土の同時返還」というのは日本国民にとってはまことにうれしい展開であるわけですけれども、安倍政権にとってはそれだけは何があっても阻止しなければならないことなんです。国益と対米従属マシーンの利益相反がこれほど鮮やかに示されているイシューは他にないと思います。

アメリカへの上納金となっている日本の米国債購入

木村　思いやり予算というのは、「終わらない占領」の象徴だと思いますし、思いやり予算という言葉を言い始めたのは金丸信さんで、一般的には一九七八年から始められたとされています。しかし、実は七二年の沖縄返還以降、密約的な形で、実は思いやり予算的なものは、すでに支払われていたということが、明らかになっているんです。また、その思いやり予算についても年二〇〇〇億円から三〇〇〇億円というのが、表に出ている予算なんですが、実際には関連経費も含めれば、毎年六〇〇〇億から八〇〇〇億ぐらい出されているようです。

民主党政権では、この思いやり予算を減らすために交渉しようとしていましたが、その当時、福島原発事故があり、米軍による「ともだち作戦」が実施されました。あれで日本に対して、非常に恩義を売ったような形になり、ともだち作戦自体は実際、七〇億円、八〇億円しか使っていないそうですが、思いやり予算の三年分（毎年二〇〇〇億円）を一括で、アメリカの圧力で払うことを、菅政権が呑まされたということです。

鳩山　そうでしたね。

木村　それからあの大震災と原発事故を受けて、復興予算を、米国債を売ることで賄いたいという動きが日本には少しあったのですが、そういう発言をする政治家たちの動きも直ちに封じ込められたという経緯もあったということです。僕は米国債の問題というのは、非常に大きいと思うのです。植草一秀先生や副島隆彦先生などがこれまでも触れられていますが、日本は米国債をドル建てで、非常に大きな額、一時期、世界でいちばん多く持っていて（いまは、中国が世界最大の米国債保有国）、常に買わされ続けていて、日本はそれを売ることができないというような状況が、ずっとあると指摘されています。

　米国債を日本が買うことによって、三〇兆円などと言われているような、イラク戦争におけるアメリカの戦費を賄うということさえ、行われているのではないかという指摘もされています。

鳩山　私も尊敬していた橋本龍太郎総理が、米国債を売ろうという発想をして、それで……。

木村　株が急激に下がりましたよね。

鳩山　それで橋本さん自身が辞めることになっていったという。

木村　そうです。

内田　それがきっかけだったんですか。

鳩山　米国債で総理としての命を奪われたというふうに聞いたこともあり、米国債の話はタブー視されている面もあります。でも、本来、おかしいですよね。債券ですから、当然、売り買いできていないといけないのに、いまだかつて買うことはあっても、売ったことがないといいます。要するに、それはお金を差し上げているだけの話という。

内田　そうです。上納金です。どれぐらいあるんですか、米国債。

木村　一兆ドルぐらい？

鳩山　そのぐらいかな。そう。一兆二〇〇〇億ドルくらいはあると思いますね。

内田　一三〇兆円。

鳩山　中国はいま、それ以上、買っているようですけれども。

内田　中国はなんで買っているんですか？

木村　中国は保険、つまりアメリカに対する安全保障としても買っているのだと思います。

内田　米国債をいっぱい持っていると、安全保障上の切り札になるということですか。

木村　そうです。アメリカから攻撃されることはないだろうと。ただ、ときどき、売ったりはして、アメリカを牽制しているんです。いっきょに売れば、もうドルが暴落して、ドルの国際通貨としての価値は失われる……。

内田　アメリカの経済が破綻する。

木村　破綻するんです。特に日本と中国が一緒にやればですね。ただ、そうすると、世界経済も破綻して自国にも跳ね返ってきますが。

鳩山　中国経済はそれほど響かないんですよ。

木村　日本が受ける打撃がいちばん、やっぱり大きいと思います。だから、日本が独立国家ではないということが、この米国債の問題にも表れていると思います。日本は持っていても、事実上それを売るということができない。でも、中国は独立しているので、それを売ることもできるし、牽制の手段としても活用できるということですね。

内田　日本だって、やろうと思ったらできるはずですよね。でも、できない。アメリカの意思がここまで日本政府の方針に関与しているというのは、日本人がそれを許しているからですよね。

木村　まさしくそこが本質的問題で、結局は日本の意思の問題ですよね。日本に強い政治的意思があるかないかが重要です。

内田　フィリンピンは一九八七年に憲法を改定して、外国軍の国内駐留を認めないという条項を加えて、米軍のスービック、クラークの両基地を撤収させました。フィリピンにできたことが日本になぜできないのか。国内がきちんとまとまって、主権国家としてふるまおうということについて合意形成ができれば、米軍が日本を軍事的に恫喝してまで駐留し続けるということはできないはずなんです。

結局、対米従属と言っていますが、アメリカが強力的に日本を支配しているわけじゃなくて、アメリカの支配を現に物質化しているのは対米従属マシーンから受益している日本人たちなのです。実際に日本を支配しているのは「米軍の虎の威を借りた狐たち」なんだと思います。対米従属の本質は外交問題である以上に国内問題なんです。

アメリカから見たら、とにかくやたらに都合のいい連中がいるわけですよ。自分たちの権力や出世や自分の銀行口座の残高のためになら国益を犠牲にすることはやぶさかではないとすり寄ってくるわけですから。日本よりもアメリカが大事ですと言ってくれるのだから、これを使わない手はない。そう考えて当たり前です。僕がもしアメリカの国務省の人間だったら、対米従属マシーンをフル活用しますよ。この仕組みを温存しておけば、最少のコストで、合法的に日本支配を続けられるわけですから。

木村　これほど好都合な存在はないですよね。

鳩山　アメリカが何もしなくても、いまはやりの忖度で、日本人自身でやってくれているということでしょう。

天皇制と立憲デモクラシー、異なる原理が共生している本当の理由

木村　二〇一六年の八月八日に、いまの天皇が高齢で象徴天皇としての本分を果たすことができないということで、退位の意向のお言葉を発表されました。結局、必ずしも天皇のご意向に沿った形ではないですが、皇室典範の改正ではなく、特別立法を制定して対応するという閣議決定で、二〇一九年の四月三〇日の今上天皇の退位と、五月一日の新天皇の即位が決まりました。

この天皇のお言葉に関しては、あまりにも踏み込んだ発言でありましたので、それは憲法違反に当たる政治的な発言ではないかという指摘も一部から出されています。この点について、最近、天皇主義者宣言もされて、ご著書『街場の天皇論』も出されている内田さんのほうから、触れていただければと思います。

内田　本にも書きましたけど、立憲デモクラシーと天皇制というのは、どう考えても「食

い合わせが悪い」んです。天皇制のような、前近代的というよりは太古的な制度が、二一世紀に残っているのは時代錯誤じゃないかと僕もずっと思っていました。でも、長く生きてきて、統治システムは楕円のように焦点が二つあるほうが安定するのではないかと思うようになった。氷炭相容《ひょうたんあいい》れざる水と油のような二つの政治原理が拮抗しているような統治システムのほうが、単一の原理で貫徹している統治システムより柔軟で安定的だと思うようになってきました。どう考えても、天皇制と立憲デモクラシーは原理が合わない。でも、歴史を見ると、天皇制は様々な政治制度と共生できてきた。たぶん世俗的な政治制度と天皇制では「ニッチ」が違うんでしょう。

これは前に韓国の友人に言われたことですけれど、大統領が国家元首である韓国では、大統領が代わるたびに国家元首も代わる。そして、あの国では、辞めたあとに前大統領がしばしば訴追される。かつて国家元首として君臨していた人が囚人服を着せられて法廷に引き立てられるという映像を韓国の人は繰り返し見せられているわけです。だから、国家元首に道徳的な指南力を期待できない。その点で日本人が羨ましいと言われたのです。日本では総理大臣がどれほど徳性に欠ける人物であったとしても、天皇がいます。日本国民の道徳的なインテグリティを担保している存在が総理大臣とは別のところにいる。それによって国民の心理的な安定が図られているのではないか、と。そう言われました。なるほど、そういう見方があったのかと思いました。

どこでも国の政治的支配システムとは別に、国の道徳的なインテグリティを担保する装置を工夫してはいるんです。アメリカの独立宣言でも、その道徳的正当性を担保しているのは「神の名」です。リンカーンのゲチスバーグ演説の「人民の、人民による、人民のための政府」も「神のもと」に誓約されている。

フランスの人権宣言も、「宇宙の至高の立法者」の名においてなされています。どこでも、地上的な権力者を超える、何か超越的なものを自分たちの統治機構の正統性の保証人として呼び出している。政体内部的な存在ではその政体の正統性を基礎づけることはできないからです。政体をオーソライズするためには、その政体とは「ニッチが違うもの」に保証人を依頼するしかない。そういうことは、世界中、どこの国でもやっている。

日本の場合は、天皇が世俗権力を霊的にオーソライズするという方式でやってきていた。原理そのものを取り出して見ると、変奏は様々ですけれど、やっていることは世界中だいたい同じなんです。

だから、日本人は天皇制と立憲デモクラシーをどうやってすり合わせるかという問題を抱えており、アメリカ人は立憲デモクラシーとキリスト教原理をどうやってすり合わせるかという問題を抱えている。別に日本だけが特別変な国だと僕は思いません。むしろ、デモクラシーとキリスト教原理の拮抗で苦しんでいる度合いで言えば、アメリカのほうがずっと病が深いように僕には見えます。

そんなことを言われてもあまり慰めにはならないかもしれませんけれど、どの国も統治機構の正統性とその「保証人」の間の「ずれ」を抱えているんです。政体と政体の正統性の保証人が別であるのは具合が悪いから、一つにまとめてしまおうというわけにはゆかない。総理大臣が自分で自分を認証するほうがすっきりしていていいじゃないかというわけにはゆきません。原理的にすっきりしているから統治体制としてより適切であるということはない。天皇制と立憲デモクラシーをどうやってうまく共生させてゆくのか、国民があでもないこうでもないと知恵を絞るというのは悪いことじゃないと僕は思います。どこかに「正解」があるわけじゃない。でも、この二つの統治原理をうまく折り合わせるという宿題を解こうと苦しむことは間違いなく日本人の市民的成熟にとっては有益です。僕はそれでいいと思います。

二〇一六年の八月に天皇陛下は「おことば」の中で、「象徴的行為」という耳慣れない言葉を口にされました。これは日本国憲法下において天皇制はどうあるべきかという宿題について、まず陛下の側から国民に向けて「ボールを投げた」。僕はこれを、天皇制についての「新しい解釈」と受け止めました。これを憲法違反だという人は左右両方にたくさんいました。でも、僕たちは立憲デモクラシーと天皇制の共生について何か「正解」を持っているわけじゃない。「天皇は天皇制はどうあるべきかについて発言する権利はない」というのも、そう言っている人の私見であって、一般性を要求する権利はない。だって、戦後七三年、この問題について国民的な議論をして、国民的合意に達したということはなかったんですから。僕たちはむしろこの問題について考えないできた。ずっと棚上げしてきた。それではまずいのではないかということで、陛下のほうから「こういう考え方はどうだろう」という「たたき台」のアイディアを提示してくださった。これは天皇制についての新しい、非常に個性的な解釈だと僕は思いました。そして、「僕は陛下のこの『象徴的行為』論を支持する」と宣言した。これがこれから始まる天皇制についての議論の手がかりになると思ったからです。

日本国憲法は「日本国および日本国民統合の象徴」としての天皇が果たすべき行為を憲法六条、七条に規定しています。国事行為として列挙してある一〇項目の最後は「儀式を行うこと」ですけれど、陛下はそれをとりわけ「死者の鎮魂と国内で苦しんでいる人たちの慰藉《いしゃ》の旅」であると解釈された。宮中の賢所《かしこどころ》で古式に従って祈っているだけではなく、実際に現場に足を運んで、地面に膝をついて、その地でかつて血を流した人たち、その地でいま涙を流している人たちの傍らに寄り添うという、具体的な行為を「象徴的行為」として定義された。それを明言されたわけです。それこそが象徴天皇としてもっとも大切な行為であって、自分は体力的にその責務が果たせなくなったので退位して、新帝に代わりたいという、そういうロジックだったわけです。天皇が果たすべき仕事というのは「これ」であり、「これ」ができない以上天皇の職務を辞さなければならないという大胆な解釈をはっきりと示された。こんなことをこれまで言った人はいません。学者の中にもいなかった。

もちろん陛下のこの考え方に反対する人も、異論ありと言う人もたくさんいました。それはそれでいろいろと言い分はあるでしょう。ですから、衆知を集めて、立憲デモクラシーと天皇制はどうやったら共生して、うまく機能するのかみんなで考えればいいと思う。どうすれば統治の安定性がはかれるか、国民の統合が維持できるのか、人々が幸福に暮らしていけるか、そういう実践的な「ものさし」を使って、あれこれの考え方の適否を考量するしかない。どういうシステムを、どういうふうに制御していったら、「民の安寧」(salus populi) にもっとも資するのか。これはきわめてプラグマチックな問題です。別にこめかみに青筋を立ててするような議論じゃない。

天皇制についての問いは「オープンエンド」のものになる他ない。何らかの結論を得て、この問題に「最終的な解」を与えて「けりをつける」ということはできないし、すべきでもない。そのつどの歴史的環境を繰り込んで、そのつどの最適な仕組み、最適な運用の仕方をみんなで考えてゆきましょうというのがいちばん合理的だと僕は思います。

例えば孝明天皇の時代から明治天皇に代替わりしたときに、歴史的環境が一変しました。一九四五年の敗戦と人間宣言のあとも、天皇制のあり方は一変した。過去一五〇年の間に二度も天皇制のあり方が激変したわけですから、天皇制は何百年も同一的であるような固定的なものであるべきだという議論は、それ自体歴史的事実に照らしてもまったく非現実的だということになる。それよりは、「天皇制は歴史的環境に同期して変化する」ということを前提にして、そのつどの最適解が実現できるように、フレキシブルなものとして制度設計すべきだと僕は思います。

ですから、女系天皇とか、女性天皇とか、女性宮家についてどう思うかと先日インタビユーされたときは、どんどん議論すればいいとお答えしました。実際に、現在の日本の一般家族においても同じ問題が起きているわけですから。例えば、代々続く酒屋だとか、何代も続く芸能の家元などでは、家に伝わる技術や伝統をどう継承するか、みんな悩んでいます。女子が継ぐこともあるし、婿を取ることもあるし、養子を取ることもある。後継者育成に失敗したところは伝統が絶える。家の継承ということでは国民がみんなそれぞれの仕方で苦労しているわけです。皇室も同じように苦しんでいるということで僕はよいと思います。国民の家族意識と皇室の家族意識の間に断絶はないほうがいい。

例えば、男系天皇が必須だと本当に望むのだったら、いちばん合理的な方法は明治天皇までそうであったように側室を数人置いて、次々と子どもを産ませればいいわけです。でも、いまそれをすると皇室の家族意識と一般国民の家族意識の間に深い齟齬が生じる。男系天皇を担保するために側室を置けという主張をなす人たちは、そのようにして継承された皇室に対して国民の側が「道徳的なインテグリティ」を感じることができるかという問いに答えていない。天皇制が健全に機能するためには、皇室は日本国民の家族の模範であるという幻想が必要だと僕は思います。天皇制といえども、そのときどきの家族制度やジェンダー観や性意識と絶縁した形では存続できない。皇室のあり方と一般国民の家族のあり方の間に大きな乖離があってはならない。皇室と国民の間に道徳観の乖離があると、天皇制が道徳的な指南力を失ってしまうからです。だから、社会が変わるときには、それに合わせて天皇制も変わってゆかなければならない。女系天皇も女性天皇も女性宮家も認めるべきだと僕は考えています。むしろそうしないことのほうが天皇制の危機を招くのではないかと思います。いずれにせよ、天皇制をめぐる問いは「正解のない問い」なのですから、この先も歴史的な条件が変われば、それに整合させるようにまた調整してゆくということでいいと思います。天皇制が固定的な仕組みであったことなんか過去にないんですから。

天皇退位の特例法という小手先の対応が残した禍根

木村　鳩山さんはいまの天皇、および天皇制のあり方について、どう考えておられますか。

鳩山　基本的に内田さんのお話に同意するものであります。かつてオバマ大統領が来られたときに、平身低頭して、天皇陛下に会われましたよね。あの姿というのが印象的で、それこそ大統領は日本の首相と会っても、別に頭を下げないで、普通に握手されて終わりですが、やはり天皇陛下のことはまったく別の存在としてオバマ大統領も認識しておられたんですよね。アメリカの大統領がたぶんいちばん日本に対して尊敬する主体は、天皇陛下であることは間違いない。その意味で私は、象徴として存在することが、この日本という国の国益に大変資する存在だというふうに思います。

その天皇陛下がいま、鎮魂と慰藉とおっしゃりましたが、まさにそういった活動をされていて、「三・一一」のときにも、膝をついて、避難されている方がたに接しておられて、その姿を見た多くの方がたぶん涙したと思います。例えば首相や大臣など、あるいは他国の大統領が、そういう避難されている方がたと接するときとはまったく違う印象を、多くの日本人は天皇陛下、あるいは皇后陛下に抱いているわけです。それだけで私は、この国の象徴としての役割、国益に非常に大きな貢献をされておられるわけで、その貢献をされている方が、自分がその役割を十分に果たし得なくなったと思われたときに退位をされるということは、十分あってもいい話だと思います。皇太子に譲られるという判断をされたことは、非常に賢明な判断をされたと私は思うのです。

以前、中島岳志さんとお会いしたときに、保守というのは、自分自身が完璧でない、完全な人間ではないということを、わかっている人間が保守だと言っておられました。ですから伝統や、文化などに拠り所を求めていくということであるとすると、まさに伝統的な象徴としての天皇陛下を、われわれが尊敬の念を持って接するということは、これは保守的な人間としては、しごく当然のことだと思って、私もその意味では保守だと思います。保守とリベラルは決して対立する概念ではなく、リベラルは多様な価値観を認めるということだと思いますが、その多様な価値観を認めながら、日本の伝統文化を継承することに意義を見いだすこともリベラルだと思います。これは両立するわけですから、その意味で保守・リベラル的な政治というものを、日本のこれからの生きざまとして、私は求めていきたいと思うのです。

ちょっと話がそれましたが、私は総理大臣を経験した人間として、何度か天皇・皇后両陛下と、私ども夫婦で食事をとる機会や、あるいは御進講というほどではありませんが、一時間近く、二人だけでお話をさせていただく機会が定期的にありました。天皇陛下がいろいろなことをお聞きになって、それに総理として答えなければならないという時間です。事前に何を聞かれるかさっぱりわからないので、試験勉強のように対策も立てられませんので、総理としてしっかりお答えできるかとても緊張する時間でした。そこでわかったのですが、陛下が本当に様々な政治的なこと、外交的なことも含めて考えておられ、この日本という国のことを案じておられるということです。人間としての存在そのものを、他の方と比較してはならないですけれども、本当にすばらしい方だと思いました。ですから、その今上天皇が退位をされたいというお気持ちを持たれたとすれば、それは最優先して決めなきゃならない話であり、一般論としても、認めて差し上げるべきことだと思っていて、います。特別法ではなく、皇室典範をきちんと論じて差し上げるべきだったと私は思っていて、そこの論議が国会で十分深みに至らなかったことは、これは禍根を残すことになるのではないかと思います。

木村 私はお二人とは少し違って、天皇制と共和制は本来相反するものであり、象徴天皇制と一般的な民主主義は基本的に両立しがたいものだという認識です。その原理的な評価が、基本的にはあって、その意味で憲法第一章の天皇条項はすべて削除すべきだという発想で、ここまでやってきました。その意味では、辺見庸さんと同じように僕も改憲論者です。そして今回の天皇のお言葉に対しても、退位の表明をあのような形で行うこと、とりわけ摂政を置くべきではないという、踏み込んだ発言をしたことも、これは政治的な発言であり、憲法違反にもなるのではないかという形式的な判断、評価をしています。

ただ、その一方で、いまの天皇は、昭和天皇の残された負の遺産を払拭するために、戦地への鎮魂の旅に出かけたり、被災地に被害者への慰労のために行かれています。これは国事行為とは違う公的行為のようですが、それにある意味、内田さんも言われているように、身体、命を懸けて、誠実に取り組まれてきたことに対して、非常に強い尊敬の気持ちを持っています。

ただ、小泉首相もそうでしたし、いまの安倍首相も、内田さんや鳩山さんのような、天皇および天皇制に対する深い尊敬の念をもたれているような天皇主義者ではなく、天皇利用主義者だと思っています。今回の場合、天皇から直接にご意向が示されたのにもかかわらず、それとはまったく反するような形で、先ほど鳩山さんも言われたような、皇室典範の真正面からの改正ではなく、特別立法でという形で、小手先の対応だけで済ませたことにも、それは表れていると思います。

また、皇室会議に本来のメンバーではない菅官房長官を同席させ、天皇退位の時期に関しても、様々な政治的な思惑、とりわけ改憲発議の時期などとも関連させて、いちばん問題の少ない、二〇一八年の終わり、一二月三一日ではなくて、その翌年の二〇一九年四月三〇日まで延ばした日程を決めたということも、政治利用がされているということだと思います。僕は天皇制や、いまの天皇のお気持ちを政治利用する人々がいることの危険性を重視しています。そして天皇個人に関して言えば、退位する自由さえないということで、ある意味、人権が保障されていないような縛りが、個人的にはあると思っています。ですから、そういう点からも天皇自身も解放される必要があるのではないかと考えています。ただ、この天皇制については、今後、さらに様々な点から議論を深めていく必要がありますよね。僕はいまの時点で、国民投票をして、象徴天皇制を残すかどうかを問うた場合は、圧倒的多数が賛成するだろうとも思っています。

天皇の政治性と政治利用をどう見るか

木村　天皇や天皇制を政治利用しようというような一部の動きが、いま見られるように感じているのですが、そのことについてはいかがお考えですか。

内田　天皇制はすぐれて政治的な仕組みであり、天皇もすぐれて政治的な存在なわけです。それはもう否定しようがない。問題は、どのように天皇制は政治的に運用されるべきかという議論をしているとき、その目的が、「民の安寧」なのか、党派的な利益のためなのか、その違いを見きわめることだと思います。「民の安寧」というのがあいまいな概念なので、厳密に区別することは困難ですけれど、「程度の差」くらいは見て取れるはずです。

政治的な影響を及ぼしかねないすべての行為を天皇については禁じるべきだというようなことは言っても仕方がない。何を発言しても、あるいは発言を控えても、何かをしても、何かをしなくても、政治的な解釈を避けることができない。

例えば、天皇陛下はことあるごとに日本国憲法に言及されますね。日本国憲法について、これを尊重し、遵守しなければならないということをインタビューでは繰り返し語っておられる。これは改憲を目指す勢力からしてみたら、当然護憲派寄りの「政治的な発言」だと解釈される。実際に、いまは護憲を掲げる集会に対して、地方自治体の中には「特定の政治的立場に与することはできない」という言い分で後援を拒否するところがあるくらいですから。その逆風の中にあって、天皇陛下は憲法九九条の憲法尊重擁護義務を誠実に果たしている。憲法を尊重し、擁護することは「公務員としての天皇」の義務だということを繰り返し明らかにしているわけです。それは「憲法尊重擁護義務」などという条項があることを知らないような顔をしている安倍政権下の公務員たちからすれば際立って「政治的な行為」とみなされるでしょう。

天皇の場合、あらゆる言動は政治的に解釈可能で、政治的に利用可能です。だからと言って、「天皇は何もするな、何も言うな」というわけにはゆきません。そもそも天皇陛下が祈念していることは世俗的な党派性とは無関係だと僕は思います。古代から続いてきた日本という国があり、たぶんこのあともこの国はまださらに何百年も続いてゆく。そういう長いタイムスパンの中で、この国に暮らすすべての人々が幸福に暮らしてゆくことを祈念するということを天皇陛下は本務として引き受けているわけです。その言動は、ときどきの政治的な文脈でいくらでも好きなように解釈できますけれども、陛下の本意としては、目先の区々《くく》たる政治的対立に進んでかかわる気はないと思います。僕自身は天皇陛下を「護憲派の最後の砦」とみなしていますけれど、陛下はそういうふうに短期的で党派的な政治的布置の中に位置づけられることはたぶん望んでおられないと思います。

天皇制については、職業選択の自由がないとか、移動の自由がないなど、市民的自由が制約されている点で、人権侵害ではないかという問題点が指摘されています。人権侵害なのだから、天皇制を廃止して、皇室を天皇制から解放すべきだという議論をなす人もいます。原理的には正しいと思います。でも、現実に、長い伝統を継承している家の人たちは多かれ少なかれ、同じような制約を受けているわけです。造り酒屋の何代目とか、伝統芸能の家元とかは、家伝のものを継承する義務から逃れることが許されない。観世のお家元と前にお話ししたときに伺いましたけれど、観世宗家を引き継いでしまった以上は、観阿弥世阿弥以来六五〇年の伝統を絶やすことはできない。せめてこの先六五〇年続かせる責任が自分にはある、と。そうおっしゃってました。そういう長いタイムスパンの中で、いま自分が何をなすべきかを考量しているわけです。でも、それについて宗家に生まれたので職業選択の自由がないのは人権侵害だから、家元制度から解放すべきだというようなことを言う人はいない。それは、多かれ少なかれ、同じような縛りの中で僕たちは社会生活を営んでいるからです。皇室の場合はその制約が非常にリジッドだということです。これは原理の問題ではなく、程度の問題として考えるべきじゃないかと僕は思います。

天皇制度もやはり長い家系の中で、その家に負託された社会的機能を継承している、その最たるものなのだと僕は思います。皇室以外の日本人がすべて自由気ままに生きていて、皇室メンバーだけが非人間的な拘束状態にあるということはないと思うのです。世の中には自由気ままに生きている人もいるし、逃れることのできないミッションを先代から継承している人もいる。様々なのです。先人から託されたミッションを果たすことを苦役だと思っている人もいるし、ミッションを達成することから満足感や自己肯定感を得ている人もいる。天皇陛下は少年期のどこかの段階で、天皇になることは逃れられないミッションだから、やる以上は全力を尽くしてやろうというふうに腹を括ったと思うのです。それに天皇陛下は、家庭教師であったヴァイニング夫人や皇后陛下の影響もあって、キリスト教的な発想と親和的だと思います。一人が犠牲になることで万民を救うというのは、キリスト教の基本的な倫理ですから。おそらく天皇陛下も、自分はきわめて困難なミッションを背負うことになったけれども、自分がここでこの使命を果たすことによって、日本の統治システムが安定して、多くの国民が結果的に救われるのであれば、それは受忍するだけの甲斐のある仕事だというふうに考えているのではないかと思います。

イエス・キリストに向かって、「あなた一人が罪を背負って、万民を救う義務なんかありませんよ。みんな、好き勝手に幸福と自由を追求しているんだから、あなたもそうなさい」と言っても、イエスは「あ、そうですか」とは言わないと思うんです。全員が等しく責務を負うべきであって、誰かが他の人より多くの責務を負うのは正しくないというのは別に一般性のある倫理ではない。自分は他の人より多くの責任を背負っていると感じている人に向かって、「そういうのは平等主義に反するからやめなさい」といってもそう感じることは止められない。

木村　いまの天皇に対しては、一部の右派の人からは、あまりにもリベラルで護憲発言を繰り返すのは問題であり、平和主義が強すぎるという批判が出されています。また、そのことと関連していますが、むしろ護憲派の人々が、いまの天皇を高く評価し、改憲阻止のためにすがるような傾向も、他方では出てきているという状況がありますが。

鳩山　平和主義でありすぎるという批判は、おかしいですよね。平和主義はもうとことん追求していいと思うし、その意味でリベラルであることは、なんら批判される話ではないと私は思いますよ。

むしろ私は一部から批判されるとすれば、これはたぶん安倍政権に対して、痛烈に言いたいことがおありだからではないでしょうか。抑えてはいますが、安倍さんが暴走することをたいへん心配しておられるという、その気持ちは伝わってきますよね。その部分に対して、私は評価をしたいと思いますが、逆に言えば、「何を言っているんだ、言い過ぎだよ」というふうに思われる方が出てくるのは、当然かもしれません。

でも、私はあのお立場の中で、よくそこまでおっしゃってくださっていると思っています。安倍さんによって日本が、集団的自衛権行使容認の方向に行ってしまっていますが、そのような日本がこれから戦争に入っていくのではないかということをたいへん心配しておられるがゆえに、直接的には言えませんから、憲法を守るということを、ずっとおっしゃり続けてくださっていると受け止めています。私はこれは、たいへん大事なことだと思っていて、その意味では政治的な発言はあっても、当然いいと思っているのです。

天皇陛下には一票を投じる権利も、選ばれる権利も、選挙権も被選挙権もないわけです。そういう方が政治的な発言をするのがいかんとか、憲法違反だとか言うのではなく、むしろそういう天皇陛下を、われわれが政治利用して、「天皇陛下がこう言っているのだから、われわれは」というふうに言うことこそ、慎まなければならんという話だと思うのです。

私は天皇陛下とお会いして、ある意味でものすごく政治的な方だと感じています。二人だけでお話させていただくと、ご自分の意見として、いろいろな政治的なお話をなさいます。もちろん、それを私が表に出すことは望ましいとは思いませんが、でも、天皇陛下ご自身が、いまのこの国を心配しておられるとすれば、すべての発言が政治的にならざるを得ないし、そこは非常に健全な発想だと、私はむしろ思っています。

戦後、象徴天皇制における昭和天皇の評価

木村　もう一つお聞きしたいのが、戦後の象徴天皇制の中で、昭和天皇が戦後に果たされた役割をどう見るかという点です。

例えば、米軍の半永久的な沖縄駐留を求めた沖縄メッセージとか、日米安保をめぐる二重外交の問題、また白井聡さんが『月刊日本』（二〇一七年六月号）に掲載された論文「天皇とアメリカ」で触れられていますが、一九五六年の日ソ国交回復などにも、実は反対であったといいます。鳩山一郎首相が、昭和天皇にその報告をしたら、反対の意向を示されたということです。あるいはこれは平野貞夫さんの著書『戦後政治の叡智』（イースト新書）に書かれていた事実で、僕も直接、平野さんからお聞きしましたが、前尾繁三郎さんがロッキード国会で揉めたときに、田中角栄さんを切るような形で、国会の正常化を急いだのは、昭和天皇から直々、ＮＰＴ体制への参加を今国会で批准してほしいとの指示

を受けていたからだという話もあります。昭和天皇は、新しい憲法ができたあとにもかかわらず、そのような政治的な発言や行動をしていました。そういった問題もあると思いますが、昭和天皇については、お二人はどういうふうな評価をされていますか。

内田　僕は昭和天皇については、何を考えていたのかよくわからないです。敗戦の前と後ではまったく違う政治体制の中にいた。発言のどこまでが腹の中からのものなのか、証言のどこまでが信用できるのか、僕には判定する手立てがない。わかっているのは、実に多くのことについて口を閉ざしたまま秘密を墓の中まで持って行かれたということです。昭和天皇が本当は何を考えていたのかは、誰にもわからない。昭和天皇本人にしても敗戦前後で、考え方はがらりと変わったはずですし。いろいろな形で回想録や侍従の人の証言、宮内庁長官だった富田朝彦氏のメモなど出ましたが、いずれも間接的な伝聞情報であって、信憑性も解釈する人ごとに違う。

ただ、皇太子殿下、いまの天皇陛下に対して、戦後の天皇制とはどうあるべきかについては、かなり明確な指針を与えたことだけは確かだと思います、それは、戦前のような失敗を絶対に繰り返してはならないということです。戦前、昭和天皇自身は天皇機関説を支持していたと伺っていますし、開戦にも反対だったと伝えられている。形式的には強大な権限を持っていたけれど、実際には内閣や軍部の振り付け通りに動くしかなかった。絶対的な権力を形式的には持たされていて、かつ主体的にその権力を行使することは許されない傀儡であるという歪んだ統治形態が国を滅ぼした。だから、そういう仕組みに戻ることだけは絶対にないようにということは昭和天皇の経験的確信だったと思います。日本国憲法の下で、天皇制がどうあるべきかに関しては、とにかく前例がない。明治・大正と敗戦までの三代の天皇制の経験則からは「日本国憲法下での天皇制はかくあるべき」という教訓は引き出せないわけです。自分と皇太子と親子二代かけて戦後天皇制を「創造」するしかない。そういうふうに考えられてきたのじゃないかと思います。

木村　靖国神社の問題に関してはいかがですか。

内田　靖国参拝は党派的な政治的行為であるということについては天皇の立場ははっきりしていると思います。実際に行かなくなったわけですから。

木村　A級戦犯合祀後はということですね。

内田　そうです。あれは、はっきりとした政治的行為なわけです。固有名を持った人間たちの功罪について、天皇陛下ご自身が評価を下したわけですから。

やはり節目、節目にはそういうことをされている。一九四五年以前の、大日本帝国における天皇制の形に戻すことについては自分は同意しないという意思表示をされてきたのではないかと思います。

木村　鳩山さんは、いかがですか。

鳩山　合祀されて以来、行かれなくなったということは、私はたいへんすばらしい決断をされたというふうに思います。

それから先ほどお話に出ました、昭和天皇がソ連との国交回復に反対のお立場だったという点と、沖縄に米軍が今後も駐留してほしいと米国側にメッセージを送ったという点についてですが、やはりご自身が、ご本人の意思とは別に、アメリカとの間で誤った戦争をしてしまったというアメリカに対する思いが、そのような発言をそれぞれ引き起こしたのではないかなというふうに思っています。アメリカから直接何かを言われたというふうには決して思いませんけれども、昭和天皇のお気持ちの中に、アメリカの存在が、そうとう大きくなって、そのような発言につながったのではないでしょうか。

内田　それはアメリカに借りがあるということでしょうか。ある種の負債を負っているというので、借りは返さなきゃいけないという。

鳩山　私も実際にはわかりませんが、そういうようなことではないかと推察しています。

木村　豊下楢彦先生が、『昭和天皇の戦後日本――〈憲法・安保体制〉にいたる道』（岩波書店）に、吉田外交を飛び越して、天皇外交で日米安保条約を昭和天皇が主導して、あのような形で締結することになったと書かれていますが、その点についてはどう思われていますか。また、女系天皇を認めるかどうか、あるいは新しい宮家、女性宮家を認めるかどうかについてはいかがですか。

鳩山　安保条約の締結の際に関しては、事実を確かめてはいませんので、何も申し上げることができません。ただ、アメリカのおかげで天皇は戦争責任を免れたので、そのことがアメリカに借りを返すという形で表れたのかもしれません。

女系天皇の件については、内田さんのおっしゃったように、時代の流れとして、私は天皇陛下だけは男系でなければだめだという発想に囚われるべきではないと思います。天皇制というものが続くことが国益として望ましいと考えたときに、それを男系だけに留めて、将来、継続できなくなるという話になることのほうが避けるべきで、女系を認めていいのではないかと、私は思っています。

木村　いずれにしても、天皇および天皇制については、これからの退位と即位の問題があって、幅広く開かれた議論を、それこそ国民レベルで行っていく必要があると思います。

内田　そうですね。開かれて、冷静な議論が必要だと思います。とにかく熱くならないでいただきたい。それと、原理主義的な「ねばならぬ」というタイプの決めつけは控えてほしい。いくら時間をかけても構わないから、緩やかに国民合意を形成してゆく。それぞれの立場から天皇制については意見があると思いますので、みんなが自由に発言してもらってよいと思うのです。人を黙らせるような形の発言だけはやめていただきたいと思います。

鳩山　その通りですね。

日本の改憲にアメリカはどう出るか

木村 安倍首相が目指している憲法改正については、鳩山さんはどのようにご覧になっていますか。

鳩山 彼は憲法改正をやることが目的であって、中身を問うているわけじゃないですよね。私は憲法改正を議論するということは、この国の形を議論しなければならないほどたいへん重要な話だと思っています。私も憲法改正は賛成論者であります。しかし、この国をどういうふうにつくり変えていくかというお互いの考えをすべて見せ切った中で戦うのではなく、憲法改正することが目的となるような議論しか起きないとなると、たいへん不幸なことだと思っています。実際、安倍政権が憲法改正を国民投票にかけたとして、メディアが総動員で政権側を応援したとしても、そう簡単に国民のみなさんが改正に賛成するということにはならないだろうと思っています。

木村　世論調査でも、だいたい六割以上が九条を変えることには反対という結果が出ています。

内田　世論調査では、安倍政権のいくつかの政策については六割、七割の有権者が反対している。にもかかわらず、選挙すると自民党が圧勝する。それは政策の賛否についてではなく、地元の何人かの候補者のうち相対的に自分にとって「得になる」と思う候補者に投票しているからです。でも、それは国政選挙の場合であって、改憲の国民投票とは違います。支持政党がないから、ろくな候補者がいないからという理由で無党派層の人が国政選挙を棄権するということはありますが、「改憲にイエスかノーか」という選択において、「イエスでもノーでも、どちらでもないから棄権する」という選択はあり得ない。ふだん選挙で棄権する有権者たちは、それなりに自分の行動を正当化する理屈を持っています。先の衆院選挙では、「現行の選挙制度の不合理性を可視化するために、積極的に棄権しよう」と言い出した人もいたし、それに同調した人たちもいた。棄権には少なくとも自分を納得させられるだけの理由がいるんです。でも、改憲の国民投票のときには棄権を正当化するロジックがない。あるとしたら、「憲法とか国民国家とか国民とかいうのはすべて幻想である」というような徹底的にアナーキーな立場からの棄権しかあり得ない。さすがにそれだけ過激な立場をとり、それを広言して棄権できる人はきわめて少数にとどまるでしょう。となると、ほとんどの有権者は投票せざるを得なくなる。その場合の改憲についての賛否の得票率差は、現在の世論調査の個別的な政策に対する賛否の差と近いものになると思います。

国民投票をやって、大阪の「都構想」のように敗北した場合のリスクについても、自民党の中でも多少、先の見える人は考えているでしょう。負けたら、責任を取って内閣総辞職は免れない。改憲は自民党の党是ですけれど、それが国民投票で否定されたということは、立党の精神が否定されたということになる。これは解党的な危機になる。

木村 大きなリスクです。

内田 別に改憲まで踏み込まなくても、「名を捨てて実を取る」ということなら、実際にもうできるわけですよね。安保法制と解釈改憲で、自衛隊の海外派兵はできるようになった。防衛予算は天井知らずに上がっているし、核武装必要論まで保守論壇では出てきている。「やろうと思えばもう戦争ができるのだから、憲法改正にこだわることはない」というのがリアリスト右派の考えじゃないんですか。

それでも、安倍さんが改憲にこだわるのは、「改憲をした史上最初の総理大臣」という個人的名誉を欲しているからです。別に、安倍個人の名誉欲を満たすために、党がリスクを取る必要はないという意見が、自民党内部からいずれ出てくると僕は思います。

鳩山　山崎拓さんがそんな話をしているみたいですよね。安倍さんは、もう憲法には関心がなくなってきていると。ですから先の衆院選では改憲勢力が三分の二を割ることを、安倍さんは期待していたのにもかかわらず、勝ってしまった。それで安倍さんは困っているのではないかという見方でした。

内田　うがった見方ですね。

鳩山　すでに安倍さんは、自衛隊を海外に派兵できるような状況もつくってしまっていますから、何もあえて危険を冒す必要はないし、まさにいまみなさんがおっしゃったように、国民投票をした場合に必ず通るとは限らないわけですから、通らなかったときのリスクを考えたら、そのような危険を冒す必要はないだろうという判断を安倍さんもしていたというのです。どこまで山拓さんと安倍さんが意思を通じていたかわかりませんけれども、そういう議論が自民党の中にも出てきています。

内田　そういう話が出てくるということ自体が、一つの徴候ですよね。

木村　末期的な徴候ですよね。

内田　もう一つ言いたいのは、アメリカが国民投票による日本の国論の分裂というものを、果たして望むかどうかということも、結構大きいと思います。日本国内で議論が起きて国論が分裂した場合、必ず日本の安全保障はどうあるべきか、日米安保体制がどうあるべきかについての根源的な議論が始まる。アメリカとしては、「そんな話」は蒸し返してほしくないわけですよ。黙って、いままで通り日米合同委員会で水面下で日本をコントロールしているのがいちばんコストがかからない属国支配のメカニズムなんですから。「そもそも日米安保体制は適切なのか」というタイプの議論が国民的規模で行われることなんか、アメリカは望んでいない。

リベラルなアメリカ人は、日本はできれば平和憲法を維持し、東アジアの危険なエリアの中での緩衝地帯になって、軍事的緊張を緩和する役割を地政学的には期待していると思います。日本自身がアメリカの西太平洋戦略上の「リスクファクター」になってゆくということは、アメリカがコントロールすべき変数が増えるわけですから、アメリカにとっては仕事が増えるだけです。それよりは、日本は軍事的には常数であってほしい。アメリカの指示があるまで何もしない、自分から軍事的イニシアチブを取ることがない国であってほしい。中国、北朝鮮、ロシアとの外交ゲームにおいて、日本が変数になることはアメリカにとってなんの利もない。

現にいま、自衛隊をアメリカ軍の二軍として使えるという仕組みが出来上がっているし、日本はアメリカ製の兵器をじゃんじゃん買ってくれているわけで、産軍複合体だって、文句はない。その上なぜ日本を「メジャーリーグ」のメンバーにしなくちゃいけないんだ、「マイナーリーグ」に置いとけばいいじゃないかという意見が当然出てくる。

安倍さんは、平たく言えば、「属国の代官」です。アメリカの国益を最優先に配慮することで自分の政治的地位を保全している「おべっかつかい」だということをアメリカ人はみんな知っている。安倍改憲が目指しているのは最終的には「属国が宗主国の指示抜きで動かせる正規軍を持ちたい」というものですから、そんなことに使うリソースがあるなら、もっと「俺たちのためにする仕事」が他にあるだろうというふうに考えるでしょう。

そういう批判は、『ニューヨーク・タイムズ』みたいなリベラルなメディアからも来るでしょうし、民主党でも共和党でも、地政学的な発想をする政治家から来る可能性もある。日本の改憲を望んでいるという人は、ホワイトハウス周りには、あんまりいないんじゃないかと僕は思いますけれど、どうなんでしょう。

鳩山　なるほどね。もともと俺たちがつくった憲法じゃないか。それなのに、なぜ変えるのかという見方をする人もいるかもしれない。

内田　まさにそうですよね。「アメリカに押し付けられた憲法だから変える」ということを前面に出したら、アメリカ人はむっとしますよね。

核武装論は属国民の悲しき妄想

木村　原発問題に関して言えば、「三・一一」の福島原発事故に対しては、国際社会から二つの疑問が投げかけられてきたと私は思っています。

一つはソ連と対立状況にあった冷戦時代から、なぜこの地震・津波大国である日本に原発が五四基、世界第三位の原発大国になるまでつくり続けられたのかという疑問です。

またもう一つは、なぜあのような世界的な被害を与えるような大事故を起こし、いまも収束できていない状況が続いているにもかかわらず、原発を再稼働し、輸出する方向にあらためて進み始めているのかということです。オーストリア、スイス、ドイツなどはあらためて原発停止で動いていますし、いま、中国もそういう方向が示されつつあります。

鳩山　中国はすべてやめるとは言っていませんが、自然エネルギーにものすごい力を入れています。ですから、そちらのほうで賄うことを考え始めていると思います。

木村　それなのに、当の日本がなぜそこまで原発推進なのかという問いが、突きつけられているると思うのです。

それはやはり、安保村と同じく、原発村という利権共同体があって、やめられないという側面もあると思いますが、「三・一一」後に石破茂さんがテレビでも言ったように、潜在的核武装能力の保持のためには、原発はやはり再稼働させないといけないのだという本音を話されたことがありまして、そこにも理由があるのでしょう。

北朝鮮による核実験、ミサイル実験に関連しても、韓国では六割以上が核武装せよという世論調査も出てきています。日本はまだそこまではないかもしれませんが、本音のところでは、日本も核武装すべきだ、最低でも潜在的核武装能力を保持し続けるべきだという声が出てきていると思います。

内田　日本が核武装するということは、端的に「アメリカの属国ではなくなる」ということですよね。北朝鮮と同じように核ゲームのプレイヤーとして登場するということです。「核武装したい」というのは単に軍備のレベルを上げたいということではなくて、日米安保条約下での「属国身分」から脱するということです。自分たちの軍事的なオプションを自己決定できる国になる、外交ゲームでアメリカや中国相手に「核カード」をちらつかせることのできる主権国家になりたいということの屈折した表現です。

でも、日本は核武装の可否について自己決定することができない。何をするにせよ、アメリカの許諾が要る。基地の移転ひとつ自己決定できない政府に核武装なんてできるわけがない。自国の軍事的オプションについての決定権を持っていないということの無力感と苛立ちが、「核武装すべきだ」というような非現実的な空語を語らせているのです。

核武装したければ、まずアメリカへの従属から脱して、国家主権を回復するところから始めるしかない。でも、それができない。アメリカから国家主権を奪還するためには、「いまは主権を持っていない」という事実を認めなければいけない。でも、それだけは認めたくない。日本はまるで主権国家であるかのようにふるまいたい。核武装するかしないかを自己決定できるような国である「ふりをしたい」。それだけのことです。核武装なんかアメリカが許すはずがないということがわかっていながら、まるでそれが自己決定できるイシューであるかのように語るというのは、一種の妄想です。

木村　あくまでもアメリカの許す範囲内でということなんですね。

鳩山　私は、それは最初は妄想でなかったんだと思うんです。

木村　一九五〇年代、導入したときですね。五〇年代はそうだと思います。

鳩山　最初、原発を導入したときは、まさに内田さんがおっしゃっているように、対米従属をしながら自立を図っていくというような流れの中で、やはり核武装をすることによって、自分たちは大国になっていくのだと考えていた。そんなことはいまはできないけれど、米国に従属している間に、いい子だな、おまえはということで、暖簾分けのように認めてくれるときが来るかもしれない。それを念頭に置きながら、原発は平和利用だ。核は平和利用だということで、原発の推進をこれまでしてきたのだと思います。その名残がいままでも残っていると思うのです。それがときどき、いろいろな発言となって出てくるのでしょう。

木村　実際、僕が『核時代の神話と虚像』を編著する際に調べましたら、一九五〇年代半ばの原発導入の頃のロケット実験も、やはり核ミサイル開発のためであったということが、科学技術庁の公文書の中に出てきますし、国会審議の中でもそれは隠していませんでした。潜在的という言葉は使われていたかは微妙なところなんですが、当時は、意外にあからさまに語られていました。

内田　五〇年代はまだそうだったと思うのです。アメリカは直近の戦争の敵国ですから、いまでこそ占領軍として大きな顔をしていますけれど、いまに見ていろ、一泡吹かせてやるぞという思いは官民のどこにも潜在していたと思います。一刻も早くアメリカから独立したいと考えるのが当然です。でも、そのためには対米従属を徹底する以外に手立てがないという屈託があった。でも、屈託しているということは正気を保っているということなんです。面従腹背をしているという自覚があるわけですから。大日本帝国が主権国家だった時代を記憶している政治家や官僚がほとんどですから、自分たちが主権を持っていないということがどれぐらい屈辱的なことであるかを日々実感していた。その屈託の中ですから、核武装するということは当然本気のアイディアとしてあったと思います。

鳩山 お隣の中国だって、核武装するということになるわけですからね。

木村 そうです。七四年、中国の核実験が成功したときも、日本で核武装するという動きが再びありましたが、そこをアメリカが待ったをかけ、違う形で核の傘に入れてやるからということで、収めたという経緯がありました。

ただ、そのあとも密かに日本の外務省などは、核武装の研究もしていたということも、七〇年代にあったということが出てきています。

内田 そのあたりで、本気の核武装論というのは、もう終わったのではないですか。

鳩山 そうでしょうね、きっと。

木村　ただ実際に、潜在的核武装能力の保持というのは、今日まで一貫して続いていて、日本は早ければ一ヵ月。二週間と言う人もいますが、遅くても半年以内に核武装はできる。プルトニウム、ウランは四二トン。五〇〇〇発以上できると言われています。それにロケット技術もすでにあります。有事になれば、すぐに核武装ができます。

そこまでは、アメリカが日本に容認しているのです。その一方で、韓国にはなぜ許さないのかという反発が、韓国側から出ているということもあります。それは、日米原子力協定と米韓原子力協定が違うからです。そのため韓国側からは、不満も出ています。

内田　韓国のほうが厳しいのですか。

木村　厳しいです。いわゆる再処理とか、プルサーマルなどは、韓国には許していません。それはやはり、朝鮮半島独自の緊張があるからなのでしょう。

内田　まだ休戦中ですからね。

第二章

あらゆるものが
株式会社化する特異な時代

株式会社化した社会で、人々に広がる従業員マインド

木村　自民党総裁選で安倍さんが三選され、第四次安倍改造内閣が発足しました。安倍総理の最大の狙いは改憲だとも言われていますが、安倍政権は今後、どこに向かおうとしているのでしょうか。お二人は、この安倍政権をどのようにご覧になっていますか。

内田　僕は「株式会社化」した政権だというふうに見ています。安倍政権は、僕が生まれてから見てきた歴代政権の中でも「株式会社的である」という点で際立っていると思います。

大した政治的見識もないし、指導力もない。統率力もないし、器量も小さな人物が、これほど長期にわたって政権を安定的に維持できているというのは、実際には彼の政治的な力というよりも、彼のキャラクターが株式会社のＣＥＯのキャラクターに期待されているものと一致しているからだと思います。

第一の特徴は、当期利益第一主義です。「いまさえよければ、それでいい」という刹那主義です。株式会社の経営者は四半期でことの適否を判断する。それも当然で、この四半期を乗り切らないと先がない。三〇年後、五〇年後の展望なんて語っても仕方がない。今期、利益が出せなくて、株価が下がったら、来年はもうないかもしれない。先のことなんか考えても仕方がない。だから、あとにどのような大きなリスクを抱え込むことになっても、とにかく今期の利益を上げることが「正しい」と判断する。それが当期利益至上主義者の考え方ですけれど、安倍政権はまさにそれです。そして、それは実際に多くの企業経営者にとって親和性の高いマインドなんです。

第二の特徴は、経営の適切性を非常にシンプルな数値で示そうとすることです。企業なら、売り上げ、利益率、株価といったところで経営の適否は判定できます。安倍政権が政権の適切性の指標として採用しているのはいまは株価だけです。株価が高値であるということ一事をもって「われわれの統治は成功している」と言い張っています。

もう一つ、選挙結果としての議席占有率の数字も強権的な政権運営の正当化のためによく使います。議席占有率が高いのは、民意を得ているということだから、われわれは何をしてもよいのだというロジックを駆使している。

でも、株価なんか、日替わりで動く指標ですから、そんなもの、日本の将来を三〇年、五〇年、一〇〇年のスパンで考える場合に、なんの参考にもならない。これから先、超少子化、超高齢化によって、日本の国、社会の形は激変する。ＡＩの導入による雇用喪失もいくつかの産業セクターで、短期的かつ急激に起きる。原発だって、事故処理はまだ終わっていないし、いつ次の事故が起こるかもわからない。長期的視点に立てば、先に備えていますぐに手をつけるべきことは無数にあるんです。でも、安倍政権はそういう長期的な枠の中での話にはほとんど関心がない。目先のことしか考えていない。一週間とか一ヵ月という短期的なスパンの中での政治的な効用、それだけしか考えていない。

例えば佐川宣寿財務局長が、今度国税庁長官になりました。首相に対する忠誠を評価した論功行賞人事ですけれど、それによって「首相におべっかをつかうといいことがある」ということを公務員たちに周知徹底させるという効用はあった。でも、この人事で国民の納税意欲は有意に減退するわけじゃないですか。

木村　森友・加計（モリカケ）問題の張本人ですよね。

内田　国民の納税意欲を損い、財務省という役所に対する国民的な信頼を傷つけるような人事なわけです。長期的に考えたら、巨大な国益損失につながる。でも、自分のために嘘をついた一役人を抜擢してみせる。そうすると、短期的には、そこに努力と報酬の相関関係が可視化される。首相におもねる行動をとれば、必ず報奨が与えられる。それが確約される。信賞必罰のシステムが完成していること、それを誇示することが今度の国税庁長官人事の本当の目的だと思います。

もちろんこのシステムは短期的なものにすぎません。政権が続く限りしか続かない。でも、このシステムが短期的であるということは、官僚たちも、一緒に寿司を食っているジャーナリストたちもあまり気にしていない。官僚もジャーナリストも一度職位が上がったら、もう下がるということはないからです。うまく自分が退職するまで政権がもったら、在職中はずっと「陽の当たる場所」にいられる。

ですから、短期的なスパンの中では、安倍政権におもねることは合理的な選択なんです。長期的な国益を勘案した場合は、官邸の判断に疑問を持っている官僚もジャーナリストもたくさんいると思うんです。でも、それについて正論を吐いてもなんの見返りもない。政権に批判的になると、たちまち冷や飯を食わされることがわかっている。

これは日本だけでなく、エリートというものの特徴だと思うんですけれど、「自分が出世する」ことを私利私欲の追求だとは思っていないんですね。「自分のように卓越した人間」がこの国の舵取りをするポジションにいるほうが国のためだし、国民の幸福のためだという正当化をしている。安倍はろくでもない為政者だけれど、こいつを担いでいると自分が出世できる。「自分のような卓越した人間」が上に立つことは日本の国益を増大させることである、と。エリートはこういうロジックを組み立てるんです。そうすると、権力者におもねることが苦痛ではなくなる。私利私欲のためにやっているのではなく、天下国家のために「あえておもねっている」のだという正当化が成り立つと精神衛生にはいいんです。おべんちゃらを言っている官僚も、寿司やしゃぶしゃぶを食っているジャーナリストもみんなそうやって自己正当化しているんだと思いますよ。

日本だけではなく、アメリカもEU諸国も、たぶんどこもみなそうなっていると思います。どこでも公人たちが、自分のことを「株式会社の従業員」だと思っている。株式会社が支配的な組織形態になってしまったせいで、人々が社会制度について考えるときに、常に株式会社に準拠して考えるようになった。

橋下徹元大阪市長が市政改革にあたって「民間ではあり得ない」と言ったときに大阪市民は拍手喝采しましたけれど、それは要するに「行政は株式会社に準拠して再編すべきだ」ということに有権者たちは賛成したわけです。行政も医療も教育も社会福祉も、あらゆる社会制度は株式会社に準拠して制度設計されるべきであるという「暴論」に対して、ほとんどの有権者が同意した。そういう考え方は「おかしい」と指摘したメディアも、僕の知る限り、ひとつもなかった。それだけ株式会社という組織形態が現代社会では支配的なものになったということです。

でも、逆に「それだけ」のことなんです。「民間ではあり得ない」なんていうフレーズは、例えば戦後すぐの農業人口が五〇パーセント近かった時代にはなんの意味も持たなかった。そのときの「民間」は農業だったからです。そんなところで「組織管理」だとか「費用対効果」だとか言ったって、誰も聞きゃしません。みんなにとって「当たり前」だと思えることの多くは、期間限定な「当たり前」であって、少しタイムスパンを広げて見れば、しばしば意味不明なことなんです。

だから、安倍さんが長期政権を保持できているのは、株式会社をすべての組織の原型と考え、政治家を株式会社のＣＥＯだと考える「ある特異な時代」にジャストフィットしたからだというのが僕の考えです。その点では、金正恩とも、ドナルド・トランプともよく似ていると思います。改憲にせよ、「戦争ができる国」にせよ、独裁制にせよ、はっきりとした自分のアジェンダがあって、それに賛成する従業員を重用して、反対する従業員はクビにする。

木村　ワンマン経営者と一緒ですね。

内田　そうです。アジェンダがはっきりしている。対立するやつは排除する。自分に逆らう人間は平気で留置所に放り込む。逆に、自分におもねってくる人間には、気前よく餌を撒き散らす。

　でもこれって、民間企業のCEOとしては悪くない資質なのです。株式会社のCEOというのはむしろそうでなければいけない。明確なビジョンを掲げて、「われわれはこうしたい」と明らかにして、それを支持するものを登用し、反対するものは追い払う。経営の適否は売り上げとか、株価とかで短期間に数値的に考量される。経営者の適否は「マーケット」が判定するものであって、従業員には判断する資格はない。

　だから僕が政権批判をすると、若い人はびっくりするんです。「え？　何、それのどこがいけないんですか？」って。「だって、うちの社長とやってること同じですよ」。

木村　独裁的でもいいということですね。

内田　安倍さんが社長で、自分たち国民はその会社の従業員だと思っている。「従業員が経営方針に口出す会社なんかないでしょ」と、「経営方針の適否を決定するのは従業員じゃなくて、マーケットでしょ」と言うのです。そういう卑屈な「従業員マインド」と対米外交における卑屈な「属国民マインド」とが、本当にみごとにブレンドされていって、いまの日本の有権者たちの気分というものを形づくっている。だとすると、安倍政権の登場には、ある種の歴史的な必然性があったんだと思います。

鳩山　そうすると長く続きそうだという感じですね。

内田　残念ながら、そうですね。

国民一人ひとりではなく、大企業のための国づくり

鳩山　いまの内田さんのお話を伺うと、まさにその通りの気がします。目先のこと、目先の利益ばかりを政権が追求するというのは、それは国民自体がそうだからなんですよね。

ですからおっしゃる通り、いまの国民には安倍さんが合っているという話になってしまうと、今後もこの政権がかなり長期的に続く可能性がある。そうなると、この国の将来がどうなるかということを見定める役割を持つ人がいない状況が続くことでもあり、非常に国益を損なう可能性があると私は思っています。

結局は安倍さんがやろうとしていることは、大企業、いわゆる輸出企業にとって、最もやりやすい国家をつくるということで、それは長期的に見れば、必ずしも国民一人ひとりの幸せとは結びつく話じゃないということに、もっと国民が気がつかなければいけないのだと思います。

また、安倍さんは人がやっていないことをやりたいという面が強く、だからいままで誰一人できなかった憲法改正をするのだとこだわっている。お祖父さんもできなかったことを成し遂げて、お祖父さんを超えたいとどこかで思っている。もしそうだとすると、これは、国益をどうするかというような観点からの話ではないわけです。

『脱大日本主義』という本を私は書きましたが、結局は自民党政治とともにずっと続いてきた大日本主義的な発想、つまり、誰もやらないことをやりたいとか、強い国にして、戦争ができる国にしたいとか、経済は強くなったが、経済以上に政治的にも世界の中心で輝く国にしたいといったことを安倍さんはおっしゃっていますが、そういった国民のためにどうするかではなく、大国主義的な発想がまず、彼の頭の中にはあるように思えてなりません。

でも、現実はどうかといえば、この国はもう将来、一億人を間違いなく切る時期が来るし、そのときには四割近い方が高齢者なのです。もう成長を競うような時代ではなく、いかにして成熟国家として、一人ひとりの幸せというものをつくり上げていくかということが求められているときに、一人ひとりの幸せではなくて、自分の幸せという意味では、憲法改正でしょうし、大企業の幸せというのは考えているかもしれませんが、どう考えても、いまの成熟社会の一人ひとりの幸せを優先して考えて政策をつくり上げる人ではないのでしょう。

政権が短期的な視野でしか見られないのならば、いま、日本の野党がなすべきことは、短期的ではなく、この一〇年、二〇年、三〇年後の日本が、このままだとたいへん悲惨な状況になってしまう。それに対して、自分たちはどういう国をつくりたいのかというビジョンを、明確に示すことが大事だと思います。それが脱大日本主義だと思うのです。成熟社会に合った形の国づくりに変えていかないと、たいへんなことになると私は思っています。

まさに世界に先駆けて日本は高齢時代に入ってきているという厳しい見方もありますが、それは一つのチャンスでもあるわけですから、このチャンスを生かして、世界の国々のモデルになり得る国を示してつくり上げていくことが対抗勢力にいま、求められているのではないかと思います。

貧乏くさい日本人にジャストフィットする貧乏くさい政権

木村　私も含めてですが、国民の側、特に安倍さんや安倍政権に批判的だった人々が、安倍政権と安倍首相をこれまで見くびっていたというか、甘く見ていたところもあるのではないかと思っています。

振り返れば、短命に終わった第一次安倍政権においても、教育基本法を変え、国民投票法をつくったわけです。そして第二次安倍政権以降、やってきたことと言えば、秘密保護法をつくり、安保法制をつくり、共謀罪法案を通し、もう改憲の一歩手前の状況まで来ています。このまま行くと、吉田・中曽根・小泉政権よりも長い、戦後最長の政権になる可能性も出てきています。そして天皇の退位、新天皇の即位や、東京オリンピックも自分の手でやり遂げて、歴史に名を残そうとしている状況だと思うのですが、なぜ安倍政権がこんなにも長く支持を得て続くのか、あらためてお聞きしたい。

内田　先ほど言った通り、有権者が自分のことを株式会社の従業員だと思い、安倍首相を社長だと思っているなら、安倍政権の政策の成否を決定する権限は自分たちにはないと考えるのは論理的には当然のことです。株式会社の場合なら「マーケット」が経営方針の適否にただちに判断を下してくれる。売り上げ、利益率、株価というようなわかりやすい指標がある。従業員が判断しなくても、「マーケット」がその経営者が適任かどうかを判断してくれる。たぶん、日本国民の半分くらいはぼんやりそう思っているんじゃないですか。日本の場合は、「マーケット」に相当するのが得票率と株価とホワイトハウスからの信認であるわけです。選挙で過半数を制し、株価が高値で安定していて、ホワイトハウスが「安倍でいいよ」と言っている限り、日本の有権者に政権に文句を言う資格はない、と。そういうふうに考えているんだと思いますよ。

特に若い人たちは、生まれてから これまで株式会社的組織しか見たことがないんですから。「民主主義的組織」なんて、たぶん一度も見たことがない。家庭も、学校も、部活も、バイト先も、民主主義的な組織なんて、どこにもないですから。彼らにとっては株式会社が「ふつうの組織」に見えているんだと思う。だから、行政も教育も医療も、あらゆる社会制度を株式会社的に編成しろという新自由主義者の主張に簡単にうなずいてしまう。

でも、株式会社って、独裁制ですからね。株式会社で独裁が許されるのは、ＣＥＯのさらに上に「マーケット」が控えていて、ＣＥＯが間違った経営判断をしたら、たちまちクビになる。だから、「マーケット」が信認している限り、政策の内容について従業員は上を批判することは許されない。

安倍政権はそういう有権者の組織経験の貧しさを熟知していて、それを最大限利用している。その点ではまことに狡猾な政権だと思います。得票率よりも議席占有率が大幅に増える選挙制度を活用し、税金を注ぎ込んで官製相場をつくり、アメリカの言ってくるすべての無理難題を受け入れて、ホワイトハウスに忠誠を誓っている。「マーケット」の評価が下がらないように、あらゆる手立てを尽くしている。というか、それだけしかやっていない。

でも、株をやっている人間にとってみると、こんなにすばらしい政権はないんです。とにかく毎日、午後になって株価が下がり出すと日銀の買いが入って、株価が反騰することがわかっているんですから。株価が下がったときに買って、上がったら売る。それだけで毎日ざくざくお金が入ってくる。こんな楽な金儲けはないですよ。地面に落ちているお金を拾うようなものですから。だから株の売り買いをしている人たちからすれば一日でも長く安倍政権に続いてほしいんじゃないですか。

でも、これも結局、公共のものである年金や税金が個人資産に付け替えられているだけなんです。公金を私財に流して、それによって懐が潤っている人たちの支持を集めて、政権を維持している。支持率を税金で買っているようなものです。

短期的には、一部の人たちにとっては、安倍政権は合理的な政権運営をしているように見えているんです。でも、こんなことといつまでも続くわけはない。どこかで破綻する。国家が続くためには、どうしても守り抜かなければならない国民資源がありますけれど、それを先食いしているわけですから。

決して傷つけてはならない国民資源というのは、例えば自然環境です。海洋や大気や河川湖沼や森林はどんなことがあっても保全して、将来の世代に遺さなければならない。社会的インフラもそうです。上下水道、電気、ガス、交通、通信、そういうものはとにかく安定的に維持されなければならない。行政や教育、医療、司法制度などの制度資本もそうです。そういう国民資源のことを経済学では「社会的共通資本」と呼びます。それは政権政党の政治イデオロギーや景況とかかわりなく、専門的知見に基づいて、安定的に管理運営されなければならない。

ところが、いま安倍政権はまさにそのような手をつけてはいけない国民資源に手をつけて、それを市場に流し込んで、換金しようとしている。水道の民営化とか、公共交通の民営化とか、目先の銭金のために、五〇年、一〇〇年単位で安定的に管理運営すべきものを営利企業に委ねようとしている。

社会福祉に対しても、あんなものは要らない。弱者は自己責任でそうなっているんだから、野垂れ死にしても仕方がないというような不人情な考え方をする人も若い人たちの中にはいくらもいます。自分自身が貧困層であるにもかかわらず、公金を使って弱者を支援することは論理的に間違っていると言い張る。生活保護一歩手前の収入しかない低賃金労働者が、生活保護の給付基準をもっと厳しくしろとか、福祉予算を削れという主張に賛同している。最低賃金を上げろという主張にも、特に関心を持たない。労働組合をつくることもしない。いちばん安い賃金が標準賃金であって、それより多くもらっている労働者は「もらい過ぎ」だから、賃金を減らすべきだというような新自由主義者の主張に喝采を送る。明らかに倒錯しています。自分自身の社会的基盤を危うくするような政策に喝采を送っている。

木村　それがまさしく内田さんが言われている、安倍独裁と言いますか、ファシズムの温床でもありますよね。

内田　本質的に、安倍政権はとても「貧乏くさい」政権だと思います。めっちゃ貧乏くさい政権なのですが、いまの日本社会そのものが貧乏くさくなっているので、政権と波長が合うのです。

八〇年代やバブル期の右肩上がりの時代を僕はよく覚えていますけれど、あの頃はとにかくみんな金儲けに夢中だったので、他の人間のことをあまりかまわなかった。僕のような人間が、バブルの騒ぎに背を向けて、ひたすら武道の修行をしたり、レヴィナスの翻訳をしたりというような、世情と無関係なことをやっていても、放っておいてくれた。そりゃ、会えば「バカじゃないのか、どうしてこんなに簡単に金儲けができるのに、やらないのだ」と説教されましたけれど、僕が金儲けに興味がないんだと言うと、「バカはほっとけよ」とあきれて放っておいてもらえた。

ですから、その頃は社会のあちこちに「隙間」がありました。みんな余裕があったから。お金が余っていて、使い道がなかったんです。だから、僕のような社会性の低い人間のところにも、いろいろと仕事が回ってきて、好きなことをさせてもらえた。

そういう余裕がバブル崩壊からあと、なくなってしまった。社会全体がどんどん貧乏くさくなってきた。みんなが他人と自分を比較して、どちらが「いい思い」をしているのか、うるさく詮索するようになってきた。人のことを放っておいてくれなくなった。そういうものなんですよ。貧乏になると、人間は他人がやっていることが気になるんです。

そうやって、九〇年代から、まずうるさく「格付け」がなされるようになった。その格付けに基づいて、公共的なリソースを傾斜配分するようになった。「どうやってパイを大きくするか」ではなく、「パイの取り分をどうするか」のほうに頭を使うようになった。これが落ち目の国の特徴なんです。生活保護受給者へのバッシングなんていうのは、もう典型的な「落ち目」の徴候です。これは明らかに日本の国運がピークアウトして、回復の見込みのない後退局面に入ったことを示しています。

貧乏そのものは別に恥ずかしいことじゃない。それは散文的な事実にすぎない。でも、貧乏くさいのは恥ずかしい。それはマインドの問題だからです。パイの分配の仕方とか、他人の財布の中身ばかり気になるのは貧乏じゃなくて、貧乏くさいのです。

いまの日本は貧乏くさい社会です。だから、僻《ひが》みとか、嫉妬とか、何かで受益しているように見える他人を憎んで、その足を引っ張ろうとする。そのことを本人たちは「社会的フェアネスの実現」だと思い込んでいる。でも、日本人の質が変わったわけじゃないんです。ただ、貧乏くさくなっただけなのです。でも、それに気づいていない。
安倍政権というのは、貧乏くさい日本人が選んだ貧乏くさい政権なんだと思います。身内にだけ飯をおごる、自分におべっかをつかう人間だけ厚遇する、少しでも反対する人間には意地悪をする。こんな「せこい」ことをするのは、全員で分かち合うだけの資源がもうないと思っているからです。だから、どこかに優先的に分配して、どこかに割を食ってもらわなければいけない。そう考えている。バブルの頃のように、分かち合うリソースがたっぷりあったときには、誰に優先的に分配するかというようなことにあまり神経は使わなかった。気に入らないやつでも、構わずじゃんじゃん奢《おご》ってやって、それで味方につけるというような豪快なオルグをやった。「ネポティズム」というのはまさに政権の貧乏くささの象徴だと思います。

木村　縁故主義ですか。

内田　縁故主義は貧ゆえのものですよ。金があったら、「えこひいき」なんかしないですよ。「いいよ、ここはオレが全部出しとくから」のほうが「こいつの分はオレが出すけど、お前の分は自分で払えよな」と言って電卓叩くより気分いいですからね。

脆弱性を持っているからこそ、強権的になっていく政権

鳩山　本来、この国が貧乏になっていけば、それは政治の責任だということで、政府に対する批判が強くならなきゃおかしいですよね。現実問題として、三世帯に一世帯が無資産であるし、六人に一人の子どもが貧困でしょ。そこまで落ちてきているわけです。

本来、この安倍政権の五年間で、決してこの国はよくなっているわけではなくて、どんどん貧乏化しているのは、間違いないわけです。

それなのに、民主党政権よりはよくなったといった数字を政府は出すときがありますが、現実は違います。

木村　実は鳩山政権のときは、経済的には状況はよかったんです。

鳩山　そうです。でも、メディア自身もどんどん貧乏になっていっていますから、いまの政権に対して、そういった誤った解釈を正そうというメッセージをあまり出していません。

だから国民も、知らないうちにさらに貧乏になっていってしまう。まさにそういうときにふさわしい首相が、いまなってしまっているということだと思います。

本当だったら、その真実をもっと国民に知らせて、この政権ではだめでしょうというメッセージを強く打ち出していくメディアなりなんらかの機関が、私は必要だと思う。それができていないのは、野党にも責任があります。あまりにもまとまりがなさすぎるということもありますし、追及するすべを知らないという部分もある。実際は、自民党自身の支持率は漸減しているのです。

木村 長期的に見ると、ずっと一貫して減っていると思います。

鳩山 減ってきていますね。だから私は安倍政権がそんなに人気が高いとは、決して思っていませんよ。そういう自民党政治に対しても、国民は必ずしも支持していないと思うのだけども、ただ、それに対抗する野党の存在があまりにも非力に見えて、そこに自分たちの将来を託すこともできないでいる。

これは私の責任でもありますが、民主党政権のときに、一時、国民のみなさんが熱狂的に私たちを支持してくださいましたが、それに応えることができなかったということも大きいのだと思います。特に菅政権、野田政権の時代になると、もう政策的には自民党とあまり変わらない政策を打ち出すようになった。

木村　第二自民党と言われました。

鳩山　だとすれば、自民党政権でいいじゃないかというような、ある意味で選択肢がない中で、自民党政権が続いているというような気がします。

ですから確かにいま、この時代に安倍さんが合っているのかもしれませんが、目覚めよというメッセージを、どこかで出すようなことを行わないといけないと思います。

木村　確かにいまの安倍政権というのは、まさに民主主義からファシズムへの移行、平和国家から戦争国家への転換を象徴する政権だと思っていて、その背景にある、メディアと司法の劣化の問題も非常に大きいものだと思います。経済的な面では、内田さんも述べられたように、社会の二極化であらゆる中間層、共同体が崩壊して、個人がバラバラに原子化されているような状況。そうした中で強い指導者、強い国家を求める、依存するような国民状況がつくられているということなのでしょう。

非常に深刻だと思えるのは、福島県の元知事の佐藤栄佐久さんが、お会いしたときにお話ししていただいたことですが、日本のシステムというのは、まさしく中枢から劣化して、腐ってきているという指摘です。原発問題を見てもわかりますが、この国はもうすでに全体主義国家になっているのではないかという言い方をされていたのが、非常に印象的でした。

「三・一一」以降、実はいま言ったファシズムの状況や、言論統制の動きも出てくると思うのです。あれだけの原発事故を起こしたにもかかわらず、結局は再稼働、輸出の方向で現在進んでいっています。そして原発の汚染と被害については、最小限であるかのような言論統制もなされているのではないかと言われている。この現状に対しては、どのようにご覧になっていますか。

内田　いつまでも隠しおおすことはできないということです。例えば森友学園の問題でも、あれだけ籠池夫妻を長期にわたって非人道的な形で収監していたのも、彼らが出てきて、しゃべり出したら、政権が終わるかもしれないという危機感があったからでしょう。日本は曲がりなりにも法治国家ですから、どう考えてみても、あんなことをしちゃいけないんですよ。でも、明らかに理不尽なことをやっているのは、このような理不尽なことをしなければ、政権倒壊の危機があるというぐらいに、そこに「やばい話」が隠されているからでしょう。だから、あれだけ必死になってメディアを統制しようとした。それはメディアが洗いざらい報道したら、政権がもたないような情報が現にあるからです。それを知っている人がいっぱいいる。だから、安倍政権が強権的なのは、強権を持って抑え込まなければ政権の命脈が尽きるというような不祥事が、そこらにいっぱいあるからです。そういう傷だらけの政権なわけです。

原発にしてみても、原発に関する報道は明らかに抑制されている。原発事故はもう終息した、とにかく原発は安全だというキャンペーンを御用学者や御用ジャーナリストを動員して必死になってやっている。それも、まともな学者やまともなジャーナリストの発言が広くメディアを通じて国民に周知されたら、世論が「原発ノー」になることがわかっているからです。

政権が強権的であるというのは、強権的にしなければ維持できないぐらい弱いということなのです。根本的な脆弱性を抱え込んでいるから、あれだけ攻撃的になる。年を追うごとに安倍政権が強権的になっていったのは、どんどん力をつけていって、基盤が安定したということではなくて、政権本体はむしろ脆弱になっているからだと思います。

安倍晋三という人は、自身の政治的な実力に比して、はるかに大きな政治的な達成を成し遂げた人なんです。たいした実力がなかったにもかかわらず、様々なファクターが彼にとって追い風になって、本人も想像しなかったほど強権的で独裁的な一強体制をつくり上げることができた。それほどの人物じゃない。見識もないし、雄弁でもないし、彼のために死のうという子分もいない。周りに寄ってくるのは、彼を利用しようとする人間たちだけです。そういう非常に孤独な政治家なんだと思う。その人が一強体制の中心にいる。一人ぼっちですよね。だから、一生懸命人を集めて宴会をやったり、飯を食わせたりするんじゃないですか。いま彼の身を守っている鎧兜を脱いでしまったら、そこには本当にひ弱で幼児的な人物がいる。そのこともだいたいみんなわかっていると思います。

このあと安倍さんが国民に対して対話的になったり、野党に対して宥和的になるということは絶対にあり得ないです。少しでも弱みを見せたら、そこで終わりだと思っているから。自分のしたい政策を実現しようと思ったら、いま以上に強権的になるしかない。というか、いま以上に強権的になるためにこそ、「自分がしたい」政策よりもむしろ「できるだけ多くの人々が反対しそうな政策」を選択するようになると思います。倒錯的ですけれど、論理的にはそうなると思います。

言葉をまったく重んじなくなった政治家たち

木村　ここ最近の選挙を見ると、与党は投票率をいかにして上げないかを一貫してやってきたと言えると思います。投票率さえ低ければ、与党は組織票で勝てるわけです。あとは小選挙区制のトリックで、すべてうまくいくという仕組み・構図ですね。

内田　得票率と議席占有率の間に、あまりに落差があります。民意を反映しない仕組みになっている。いまの政権与党はこれで受益しているわけだから、絶対に選挙制度を変えるはずがないでしょうけど。

木村　総裁選三選を果たした安倍首相は、内閣改造に着手しましたが、その前の組閣では、次の総理候補と言われていた野田聖子さんが入閣し、河野太郎さんも外務大臣になりました。彼らは、安倍政権の閣僚になるという誤った選択をしたと思います。

内田　見識がないですよ。次を考えているのだったら、きっぱりと入閣を断るべきです。

いまの政治家には、長期的な戦略というものがない。二年、三年というスパンでさえものごとを考えられない。目先の閣僚ポストによろめいてしまう。でも、閣僚であったということは、このあと、安倍政権が倒れたときには、共同責任が問われるということです。自分は閣僚だったが、失政についてはなんの責任もありませんと言おうとしたら、確かに閣僚に名を連ねていたけれど、私は内閣の決定に事実上参加させてもらえない非力な政治家だったと言い訳するしかない。どちらにしても、安倍内閣と一緒に姿を消すべきでしょう。

本当に見識のない政治家ばかりになってしまった。何より言葉を重んじる人がまったくいなくなってしまった。「綸言汗《りんげんあせ》の如《ごと》し」とまでは言いませんけれど、食言《しょくげん》どころか、平然と嘘をつくようになってきた。嘘をつくことが政治家のデフォルトになって、嘘をついてもはや非とされないという状況になってしまった。

木村　最近の政治家の言葉は本当に軽いですね。

内田　嘘がまかり通るような状況に急激になりましたね。怖いことです。人間はこういう状況にすぐ慣れてしまうからです。

以前のことですが、「今年の漢字」といった趣旨で、安倍総理が「桃」という字を挙げたのを見て、「フーン、桃か」と思って、そのまま見過ごしそうになったんですが、「いや、桃のわけないじゃないか」と思って、もう一度よく見直したら、「挑」だったんです。でも、「桃」だと思っても、気にならないんですよ。つまりあの人の言っていることは、僕にとってはほとんどメッセージとして無意味だから、「桃」じゃ意味不明なんだけれど、「意味のわからないことばかり言っている人」だと思っているから、違和感がなくなってしまっているのです。

あの「挑」という漢字を、いろんな別の漢字に空目したという人は結構多いみたいです。だって、あまりにも変ですから。安倍晋三という人と「挑む」というのは、あまりにもイメージがかけ離れているから。「逃」と見間違えた人もいました。言葉が軽いというのではなく、この人の言葉を理解しようという意欲そのものが減殺されているというところまできている。だって、安倍さんの国会答弁なんか聞いても、しょうがないじゃないですか。意味のないことを延々と言って時間を潰しているだけなんですから。

鳩山　私も、彼の答弁は、もう聞きたくないからテレビも見ないです。

内田　でも、狡猾だなと思うのは、国会答弁を聞きたくなくさせるのが、彼の戦略なんですよね。国会の中継で安倍さんが話し始めると、みんな思わずチャンネルを変えてしまう。そういう状況を彼は意図的につくり出しているわけですよ。国会の審議なんかには意味がない、と。こんなのただの政治ショーで、アリバイづくりで、中身のある対話なんか行われていないという印象をすでにみんなが刷り込まれている。国会は国権の最高機関であって、そこで国民の代表たちが真剣に国政を議しているはずなのに、国会なんか機能していないじゃないかというふうにみんな思い始めている。立法府の威信が低下すれば、相対的に行政府の権力が増大する。立法府が空洞化すれば、結果的に行政府が法律を起案しかつ執行するという体制が出来上がる。でも、法律の制定者と執行者が同一である体制のことを「独裁」と呼ぶわけですよ。すでに独裁制への移行は順調に進行していると言っていいと思います。国会の威信低下を意図的に企んでいるのは、官僚たちでしょう。官邸に入り込んでいる官僚たちにとっては、とにかく国会の威信を低下させて、機能不全にすれば、あとは自分たちのいいようになると思っている。

官僚って、国民の代表として選挙で選ばれた国会議員と違って、僕たちの与《あずか》り知らないところで出世してきた。だから、自分たちの権力の正当性に対して微妙な心理的な負い目があるんだと思います。だから、なんとかして選挙で選ばれた国会議員なんていうものは自分たちの振り付け通りに動くだけの、無意味で、軽い存在なんだということにしたい。世襲とか、タレント上がりとかでたまたま国会議事堂に紛れ込んできたような連中ではなくて、過酷な競争に勝ち抜いてきた自分たちのほうが国の舵取りを委ねられるべきだという選良意識がある。

いつの時代でも、官僚たちには、俺たちが国を引っ張っていくんだ、国民は黙ってついてこいというところがありましたが、さすがに公然と口にすることはなかった。でも、これだけ国会の威信が低下すると、国会議員と自分たちを比べたときに、政治的見識においても、知識においても、自分たちのほうがずっと上だという意識を、いまの官僚たちははっきりと持っているんだと思います。

官邸につながる高級官僚が実は日本を動かしている

木村　特に検察はそうだったと思います。ただ、安倍さんが内閣人事局をつくって、官僚を上から統制しはじめてからは、かなり恐れているんじゃないですか。

内田　いや、僕は内閣人事局こそ「官僚による官僚支配」の隠れ蓑だと思いますよ。霞が関にいる何千人もの官僚について、誰をどのように処遇するかというような細かい判断を政治家が下せるはずがない。どの役人がどういうふうに政権の役に立つか、それについて精密な勤務考課をしているのは官邸内にいる官僚たちだと思います。政治家はこの官僚たちを使い勝手のいい能吏だと思っているでしょうけれど、実際はこの人たちが官僚組織と行政の全体を牛耳っているのだと思います。僕らが名前も顔も知らない高級官僚たち、どうしてその地位に上り詰めたのか、どういった国家観をもっているのか、僕たちが知らない人たちが、現実には日本の国を動かしている。

木村　米国の意向だと言いながら、外務・防衛官僚が実は自分たちの意向で動いていると
いうことが鳩山政権のときにありましたが、いまの人事局の中でも、同じようなことが、
さらに重層的にあるということですね。

内田　いままで、人事はそれぞれの省庁ごとにバラバラにやっていたわけですけれど、そ
れを統括して、人事を少数の人間がコントロールするようになった。誰が政権の役に立つ
のか、誰が反抗的なのかの評価を政治家に答申する権限をもつ官僚がいたら、彼らが事実
上全省庁の幹部人事の決定権を握ることになる。戦前の「帷幄上奏権《いあくじょうそうけん》」と同じですよ。
「政治主導」とは言いますけれど、官邸がどういうタイプの官僚を登用したがっているの
かを判断して、名指しできるのは官僚です。彼らが官邸の意向を具体化する代償に、自分
たちの下した人事考課を官邸に呑み込ませるということをしているのだと思います。

鳩山　いま、官僚の若い人たちに話を聞くと、上の連中は官邸のほうしか向いていないの
で、やる気を失ってしまっていると言います。上層部はとにかく官邸に何を言われるか、
官邸によく思われたいということだけを意識して行動しているという話です。ですから、
そういう人たちと、それを官邸に入り込んでコントロールしている人たちがいるのです。

内田　官邸しか向いていない官僚と、官邸をつなぐ官僚たちがいる。

鳩山　その両方がいるということです。

内田　外見的には官邸の中で政治家におべっかをつかっているように見えるけれども、実際には官僚の実態を知らない政治家を操っている。この人たちがいわば「君側《くんそく》の奸《かん》」だと思います。

鳩山　そう。だからそういう人たちに対しておもしろくないと思っている若手官僚もいるのです。その人たちを下から抜擢して、仕事を任せていくことができれば、変わりますけどね。しかし、若い人たちも地位が上がってくるにしたがって、また変わってくるのかもしれませんが。

官邸の情報統制ではなく、ほとんどは自己検閲、自主規制である

木村　安倍さんに対する批判が、自民党の中でもかなりいま出てきていて、官僚の反逆によるリークもかなり出てきているという話があります。

内田　リークはまさしく官僚内部の闘争の結果だと思います。財務省でも文科省でも厚労省でも、どこでも驚くべきような情報がリークされましたけれど、あれは外部から調査が入って出てきたものじゃない。内部告発です。

木村　森友・加計問題もそうですし。スパコン詐欺疑惑の問題もありました。安倍さんに近い山口敬之というジャーナリストが関連しているのではないかとも言われています。

内田　こういう内部告発は必ず同時多発的に起きるんです。単発で行われると、「誰がリークしたのだ?」という詮議が始まる。でも、同時多発的に複数の省庁の複数の部署からリークがなされると、「もぐら叩き」と同じで、官邸の人的リソースが足りなくなる。案

件が二つ三つくらいなら、内部告発者の絞り込みもできるかもしれませんけれど、同時に二桁の内部告発が行われると、もう官邸ではコントロールできなくなる。

僕もメディアで仕事をしているからわかるのですが、官邸が執拗にメディアをチェックしていると言いますけれど、官邸にはすべてのメディアでの政権批判を網羅的に検閲できるだけの人的リソースはありません。彼らがコントロールできているのはせいぜいテレビの在京キー局と新聞大手だけです。

二〇一四年の衆議院解散の前に、「選挙報道の公平中立」を求める要望書を自民党がメディアに対して渡したことがありましたね。テレビに政治的中立性を担保するように、番組内での発言は、各政党とも同じぐらいの時間を配分しろと通達した。でも、あの官邸からの通達が行ったのは、東京だけなんです。僕は大阪のMBSでラジオの番組をしているのですけれど、そのとき聞いてびっくりしたのは、あの通達が関西には来ていないということでした。関西のテレビ、ラジオや新聞については、そんなローカルなメディアが何を報道しようと、大勢に影響はないと官邸が判断しているということです。実際には、関西ローカルにだって、それなりの社会的影響力はあるはずなんですから、関西ローカルの放送や紙面まで検閲するだけの人手は官邸にはないということだと思います。

木村　だから大阪では、『そこまで言って委員会』という番組が放送できるのですね。

内田　僕が出ているのは、ＭＢＳの不定期のラジオ番組ですけれど、言いたい放題ですよ。深夜の放送休止枠に、スポンサーなしでやっているラジオ放送なんて、チェックのしようがないし、コントロールしようがない。スポンサーの広報に電話をかけて、放送内容に抗議して、間接的に放送内容を統制しようという手口はネトウヨによく使われますけれど、スポンサーがついてないんだから、その手が使えない。

いま自民党がネットサポーターズなどというものをつくってますけれど、あれはいわば「市民による相互監視」制度を整備しようとしているわけです。いくら言論の検閲をしようにも、官邸の人的リソースにも予算にも限界がある。だから、一般市民から「検閲ボランティア」を募集しているのです。でも、それは言論抑圧の政策としては合理的なんです。検閲というのは本来は政府が直接手を突っ込んでやるものではなくて、市民の相互監視と、メディアによる自己検閲なんです。

木村　自粛というか、自主規制ですね。

内田　内部告発が可能なのは、官邸が官僚組織を完全にコントロールできていないということを意味していると僕は見ています。

木村　政府が設置する様々な審査会に、メディアのトップや幹部が委員で入っていて、安倍さんは頻繁にそういった幹部と会食をやっていますから、メディアに対して釘を刺すことも簡単にできると思いますが。

内田　でも、官邸が直接コントロールできるのはトップだけです。政権におもねるジャーナリストを重用することはできますけれど、組織の全体をコントロールしているわけではない。むしろ、「冷や飯を食わされている」人たちが内部告発に踏み切っているんじゃないですか。

鳩山　いまのお話を踏まえていえば、地方だったら何を言っても構わないという状況があるのだとすれば、そこから現状を変えていくということはあり得るのでしょうか。

内田　地方から現状を変えるということがもしかするといちばん効率的かもしれません。いま、健全なメディアといえば、沖縄タイムズと琉球新報の沖縄の二紙ですよね。それから東京新聞、神奈川新聞、などなど。地方紙は、安定した固定読者がいて、大手の広告代理店が絡んでこないので、言論統制が及ばない。在京の大手メディアはどこも電通に尻尾を握られている。電通は、東京五輪のようなイベントで自民党とほとんど運命共同体になっていますから、自民党政権の長期化を望んでいる。電通の逆鱗に触れると、広告出稿を抑えられるという形でメディアは糧道を断たれる。だから、電通を怒らせることができない。でも、地方紙や地方のラジオ・テレビなら電通の顔色なんかうかがわなくて済む。

木村　だから地方メディアは、比較的リベラルなところがまだ多いですよね。護憲の方も多いのではないでしょうか。

内田　だと思います。

鳩山　やはりそういう地域、かなりリベラルな雰囲気を持っている地域だと、有権者の意識も変わっているから、沖縄や北海道など、必ずしも安倍一強ではない。

内田　それは選挙の結果ではっきり出ていますね。

木村　二〇一七年の衆議院選挙は、新潟がおもしろかったんですよ。六選挙区のうち四つで、野党統一候補が勝ちましたから。その前にも森裕子さんが参議院選挙で野党統一候補で勝って、そのあと知事選挙でも米山隆一さんが勝ったという流れがありました。森、米山と勝利が続きましたので、いますごく盛り上がっています。小選挙区で、野党統一候補がこれほど勝ったというのは、沖縄などを除けば全国でも珍しいと思います。

鳩山　東京では一時、小池さんブームが起こりましたが、もし東京で小池さんが勝つようなことになったら、えらいことになるという思いが官邸にはあったということですね。それでなんとか小池さんの勢いを止めようとした。

木村　創価学会・公明党が、都議選と都知事選は完全に小池さんを担ぎましたから、あれだけの勝利につながりました。でも、創価学会の票が逃げたら、勝つことはできない。これはまさしく自民党にもいえることで、創価学会票が逃げると自民党も勝てないということだと思います。それが証明されたのだと思います。

内田　いかに自民党の議席が公明党票に依存しているかということです。

創価学会によって左右される日本政治

木村　この前の衆議院選挙でも、公明党の票がなければ、自民党の議席は一〇〇ぐらい減っているのではないかとも言われています。

内田　ただ、公明党もかなり票を減らしています。

木村　この選挙で公明党は、初めて議席も票も大幅に減らしました。あれは安倍政権に追従していくことへのものすごい批判が学会員の中に出てきていたからだと思います。

内田　一般学会員の方と話す機会があるんですけれど、やはり学会員と国会議員団との温度差は大きいです。

木村　鹿児島一区で当選した立憲民主党の川内博史先生もこの選挙で、公明党、創価学会の票が、自分にかなり入ったと言っていました。これはいつもは、なかった動きだということです。自民党票も少し川内陣営に流れたと言われています。

沖縄でも公明党は、創価学会の意向を入れて自主投票として、その結果、オール沖縄の候補者にかなり流れたということもありました。日本のいまの深刻な状況を一挙に変えるためには、創価学会・公明党が自民党から離れて、立憲民主党につくことが近道だと思っています。そうなれば、すべてが変わると思いますが、ただ、やはりそれはいろんな事情でなかなか難しいんですかね。

内田　自民党は、創価学会についてはいろいろ尻尾を握っているのでしょうね。連立から離脱するのなら、これをばらすぞ、あれをばらすぞという、いろんな情報を握っているのだと思います。だから、自民党から離れられない。

学会員が危機感を持っているのは、学会員と国会議員団の間に齟齬があること、もう一つは若手の学会員が増えないことだそうです。宗教団体はどこもそうですけれど、代々、親子でつないでいて、親が学会員だったら、子どもも学会員になる。そうやって組織を維持しているわけです。でも、祖父母、父母、そして自分たちという三代までは学会員として活動するのだけれど、四代目になると、もう入会してこないんだそうです。若い層が急減して、逆ピラミッドの人口構成になってきている。このまま学会員自体の少子高齢化が進むと、組織的危機が来るかもしれないと言っていました。

木村　あと、池田大作さんがいま、病の床にあって、ときどきメディアに声明が出てきますが、本当に本人の意思をそのまま反映したものかどうかは疑わしいとも言われています。この前の衆院選でも負けているのに、まるで勝ったかのような総括を出しているということも、不自然ですよね。

内田　もう七年間、人前には出ていないということです。

木村　まるで戦国時代みたいですね。もう亡くなっているのを隠しているのではないかという声も出ていますね。

鳩山　もし亡くなっていても、亡くなったとは言えないでしょう、こういう状況ですと。

内田　「Xデー」のあとに、学会内部で跡目相続の抗争がやはり起きるでしょう。巨大な組織ですから、次の執行部にそれほどスムーズに移行するとは思えない。

木村　僕もそう思います。ただ、息子さんに継がせる路線はもうなくなっていますよね。

内田　「王朝」の継続には失敗したようですね。でも、いまの学会長なんて、僕は名前も顔も知らないですよ。

木村　実は安保法制反対運動の中にも、創価学会の人たちが参加していて、その人たちは池田大作先生の教えに忠実でなければならないという主張をしていました。その人たちと考え方がいちばん近い人が後継争いで敗れて、いまの公明党執行部とベッタリの人が、現在、創価学会会長になっています。

かつて小沢さんが公明党と創価学会と話をつけたように、昔は共産党・創価学会の協定もありましたけど、いまは誰かがやっぱり創価学会とのパイプをつないで、内部から変えさせる努力を再びしてほしいと思いますけどね。

鳩山 ただ、やはり創価学会がついたほうが強くなるという政治も、寂しいですね。

木村 それは寂しい話なのですが、小選挙区制の下での悲しい現実ですよね。

鳩山 創価学会と組めば、政策においても制約が出ます。ですから、そういったことに頼らず、本当は政権交代をさせなければだめだと思います。二〇〇九年の民主党による政権交代は、別に公明党にたいへんお世話になったわけではありませんから。だからやろうと思えばできる話だと思いますよ。

木村 そうですね。投票率がもっと上がれば、立憲民主党を中心に大きな風が次の選挙でも吹く可能性は強いと思います。いままでは投票しようという政党、受け皿が本当になかったのです。それが立憲民主党の登場で、これまで行き場のなかった人たちの思いが一挙に表れたということです。立党から二、三日で何十万のフォロワーがつくなんて、あり得ないですよ。希望の党はたったの八〇〇とか、涙が出るぐらいの数だったそうです。

内田　おもしろい現象ですよね。同じ人なのに、ちょっと枠組みを変えただけで、みんなの関心が一気に高まるという。評価されたのは、やはり、筋目を通すということなんだったと思います。筋目を通し、旗幟《きし》を鮮明にしたことが評価された。

木村　まさしく川内博史さんも言われていましたが、この衆院選ぐらい戦いやすかった選挙はなかったということです。それは、自分が言っていることと、党の方針が基本的に一致していたからだと。

有権者に関心を持たせないという倒錯した選挙戦略

内田　二〇一七年の衆院選をふまえて、あらためてわかったのは、選挙制度が非常によくないということですね。選挙制度においていちばん大事なことは、どれぐらい正確に民意を反映できるかという点ですが、実際は各政党の得票率と議席占有率の間に大きな乖離がある。自民党は得票率二割台でしたが、議席占有率は六割を超えている。いまの仕組みは民意を反映しないで、相対的に強い集票組織、組織的な基盤を持っているところが、わずかな票差で圧勝し続けるという、非常に硬直した制度になっている。そのことが、ここ最近の選挙で、はっきりしてきたというふうに思います。ですから、とにかく得票率と議席占有率が一致するような仕組みに選挙制度を変えなければいけない。

小選挙区制というのは、わずかな入力の変化で、出力に劇的な変化が生じるという点が特徴です。複雑系なんです。わずかな潮目の変化で政局が大きく動く。そのために、採用された仕組みなはずなんですけれど、実際には、いまの日本における小選挙区制度では、わずかな自民党のアドバンテージが固定化されるように、入力の変化が出力に反映しないように働いている。そのことが有権者の政治への関心を損なって、結果的に投票率が低下している。そして、いまの仕組みだと、投票率が低ければ低いほど政権与党に有利になる。だから結果的に、与党の選挙戦術は、いかにして有権者に選挙に対して関心を持たせないかという点に集中している。有権者が選挙に関心を持たないように仕向けることに選挙の努力が集中するという、きわめて倒錯的な事態になっています。

だから、国会を空洞化させればさせるほど、国会の威信が低下すればするほど、有権者の選挙への意欲は減退し、投票率は下がり、政権与党にとって有利になる。そういう点では、安倍政権のやっていることはみごとに首尾一貫しているわけです。国会の審議が、いかに空疎で無意味なものであるかを繰り返し印象づけ、野党がどれほど抵抗しても、最終的には委員会で強行採決していって、本会議で多数決するということを繰り返している。そういうことをやればやるほど有権者の投票意欲は減退して、投票率は下がり、自公は選挙に勝ち続ける。だから、あのずさんな国会運営は、別に手を抜いているわけじゃなくて、計画的に行われているわけです。国会の威信が低下すればするほど、与党は国会で圧倒的多数派を占めることができる。

これまでの国会での大臣たちの木で鼻を括ったみたいな答弁や、下品な野次や、あるいは国会を長きにわたって開かなかったり、冒頭に所信表明演説をしないとか、外交日程が詰まっているからすぐに閉会するとか、この間の様々な国会に対する、国会軽視を通じて、国民が実感するのは、「国会なんか別に開かれていなくても、国民生活にはなんの影響もないんだ」ということです。国会が機能していなくても、国はちゃんと動いている、市民生活に支障はない、そのことを国民は実感するわけです。これこそが与党の目指しているところなんです。国会が開催されない期間が長ければ長いほど、国会での委員会審議が空転すればするほど、「国会なんかなくてもいい」という印象が、無意識のうちに全国民の中に植えつけられている。

その点に関しては、安倍政権は大成功していると思います。立候補者の選任にしてみても、そうですね。そんな人間を国会議員にしてよいのかというような問題のある人をわざわざ選んでいる。これは「人を見る目がない」というよりはむしろ、意図的に「不適切な人物」を選んでいるように僕には見えます。通常の市民的感覚から言って、「それはないだろう」というような人物が国会に送り込まれている。

議員の質の低下によって自民党の執行部がダメージを受けているという印象はありません。とんでもないスキャンダルを次々起こしても、「こんな人物を選んでしまってすみません」と党執行部が謝罪したのを僕は見たことがないです。それは別に悪いと思っていないからです。それを狙ってやってきたわけですから。

結果的に、国会議員に対する国民の信頼感が損なわれている。国会が国権の最高機関であるという認識がどんどん傷つけられてゆく。そうやって立法府の威信が低下し、相対的に行政府の権限が拡大して、独裁制に移行する。総理大臣が「私は立法府の長である」という言い間違いを何度も繰り返すのは、あれは言い間違いではなくて、本気でそう思っているから漏れ出るんです。

中途半端な選挙制度が温存している自民党政治

木村　いまの内田さんの選挙制度の問題点についてのご指摘、また、与党、特に自民党、安倍政権が、議会制民主主義は機能しておらず、国会は無用であるというふうに有権者に印象づけたり、政治に対して私たち国民が期待を抱かない方向に誘導するような思惑を一貫してもっているというご指摘がありましたが、鳩山さんはこの点をどう思われますか。

鳩山　たいへんおもしろい意見だと思います。

それぞれ正しいと思うのですが、一つ、この選挙制度に関して言うと、私は日本に二大政党政治を実現させたいという思いがあって、それは単純小選挙区制がいちばんその可能性は高いという判断をしているのです。

一九九三年の細川政権のときに、私は単純小選挙区制を支持していました。それが比例代表並立制というものが入った結果として、中途半端に比例の部分が入ったものですから、それは少数野党が、あるいは与党でもいいのですが、たくさん存在することを許してしまったわけです。

もしこれ、単純小選挙区制度であれば、もっとその中で、小党は二大政党のほうに歩み寄っていくことにならざるを得ないわけで、そういう方向を目指すべきではなかったかというのが一つあります。でも、それがきわめて中途半端になって、二大政党制も実現していません。結果として、内田さんがまさにおっしゃったように、組織力が強い政党が、選挙の投票率が下がれば下がるほど有利になる仕組みというものを温存させてしまい、自民党政治が続くような状況になってしまったと、そう思います。

でも、二〇一七年の衆院選であっても、小選挙区比例代表併用制というドイツ型で決めるような制度であれば、政権交代している可能性だってあるわけです。別に自民党自体が過半数、自民党・公明党を足して過半数を握っているというわけではなかったのですから。したがって、野党の全部が組めば、政権交代ができた可能性だってあります。つまりどちらを取るかなのですが、比例代表制をやるのだとすれば、完全な併用制にして、国民の意思と議席数が比例するような形にする必要があるのでしょう。

私はただその場合に、選挙が終わったあと、どういう形で政権を組むかということで、きわめて何か汚らしいというか、美しくない連立政権が出てくる可能性があるのではないかと危惧します。結局、その連立政権が打ち出す政策が、国民の意思と合わないような形になるのではないかと考えていて、私は必ずしもそこには賛成していないのです。

例えば選挙結果が五一対四九の戦いであっても、五一のほうが安定して政策の運営ができたほうがいいと私は考えます。もしその政策が国民に支持されない場合は、国民のみなさんが、この政権ではダメだぞと判断して、議席は少なくても次の選挙では四九のほうが逆転できる可能性を残すのが、単純小選挙区です。したがって、単純小選挙区制のよさを、いまでも半ば信じているところがあります。しかし現状を見ると、併立制という中途半端な妥協の産物が、望ましい政治になっていないいちばんの原因ではないかということも理解できます。併用制であったなら、いま、このような自民党圧勝にはなっていないわけですよね。

もう一つ、内田さんのおっしゃったように、私は巧まずしてそうなっているのではないかと思うのですが、確かに選挙に関心のない人たちを現政権が増やしてしまっているのでしょう。

でも、一時、小池ブームが起きたときには、投票率が上がる可能性もあったと思うのです。結果として、安倍政権がうまくやったというよりも、希望の党が本来ならば、組むべきではない相手と組んで自滅していったということです。希望の党は、希望の党だけで戦って、民進党も民進党として戦い、選挙協力をうまくやろうと進めればよかった。お互いの政党は政党として持続させて、選挙が終わったあと、もし連立ができるのだったら、連立を組もうといった戦略を取っていれば、こんなふうに失速しなかったと思うのです。選挙に勝つために政策を二の次にして合併しようとすると、国民に見すかされるのです。

そこに問題があったとすれば、それは小池さんが総理になるという欲を持ってしまったことでしょう。ひょっとしたら政権交代できるんじゃないかと思った瞬間に、自分のテリトリーは関東周辺だから、関東周辺を除いたところには他党の応援も必要であり、だから他の政党を中に入れようとした。しかし全員を入れてはだめだということで、排除の論理を使いながら、民進党さんと一緒になろうという発想をした瞬間に、国民が白けたのだと私は思います。

先に申し上げた状況で進んでいっていれば、私はまったく違う可能性があったと思っています。希望の党に対して、そうとうに国民の、少なくとも関東周辺の期待は高かったのです。ですから、可能性はもっと希望の党に生まれていたと思うのですが、そこはお互い

に政治家、欲がありますけども、この欲の皮の突っ張り合いが、国民に見抜かれたという
ことではないかと思います。

政治家の能力とは無関係に吹く「風」の異様さ

木村　小選挙区制に関しては、劇的な政権交代になり得るというメリットもあるとは思います。しかし、その一方で、やはり民意をなかなかそのまま反映しない、死票がものすごく多く出るという欠陥とともに、党の執行部に資金と公認の指名権を与えることによる独裁体制を招きやすいという問題もあるのではないかと思います。

僕は、鳩山さんが先ほど述べられたドイツの小選挙区比例併用制のような、ヨーロッパ的な、民意が反映されるような比例代表を中心にした選挙制度がベストだと思っています。もちろん比例代表制には、いまもメルケル首相が苦労しているような、小党が乱立して、連立政権をつくるのに困難な状況をもたらす可能性はあると思います。しかし、民主主義はやはり面倒であっても、そうした苦労をしながら進めていく必要があるのではないかと考えています。

現行の小選挙区並立制に関して言えば、細川政権のときに政治改革で導入されたものですが、その当事者であった細川元首相が、先日、朝日新聞に掲載された記事の中で、当時、結果的に自民党の主張を入れて、五〇〇の議席を、三〇〇が小選挙区、二〇〇が比例区になった経緯を明らかにしています。これまでの小選挙区制に基づく総選挙の結果を見れば、二五〇・二五〇にしたほうがよかったと述べられています。当時もいまも、ご自身は穏健な多党制を志向していたと発言されている点に僕は注目しています。

先の衆院選の結果については、小池新党が追い風に乗って勝利し、自民党が一〇〇議席以上議席を減らして、安倍首相が退陣するという可能性もあったと思います。そうなれば、希望の党が首班指名で石破さんに投票するというような、小池さんと石破さんとの間で、密約があったのではないかという推測が成り立ちます。結局、その流れは、小池さんの排除発言で挫折して、結果的には自公が三分の二を占めることになりました。

この選挙戦では、多くのメディアが自公対維新・希望の党対共産その他といった、三つの勢力に分けて論じていました。しかし、実は改憲勢力と護憲勢力で分けるのであれば、八割が改憲勢力を占めるという状況にあったというのが事実です。ただその過程で、野党勢力の要として立憲民主党が立ち上がって野党第一党になったことはせめてもの救い・希望であったと私は思います。

内田　僕は正直言って、二〇一七年七月の都議選のときに、小池新党にあれだけ風が吹いたということの理由が実はよくわからないのです。それがわずか三ヵ月で、ぱたりと風が止まってしまったということの理由も、やはり僕にはよくわからない。有権者たちはいったい何を基準にして、支持政党を決めているのか。それがわからない。政策ではない。だって、政策は変わってないんですから。じゃあ、政策じゃないなら、いったい有権者は何を基準に支持政党をシフトしているのか。何なんでしょう。何か演劇的なもので右往左往しているように見える。

都議選で、都民ファーストに投票した人たちは、小池百合子という人の政治姿勢やこれまでの政治的発言の中身をろくに知らなかったのじゃないかと思います。どう考えてみても、政策の整合性でも、政策実行能力でも、調整能力についても、前任の舛添知事のほうが手腕があったと思うのです。

木村　僕もそう思います。

内田　確かに彼は都知事として、非常識的なことをしたとは思います。でも、公費でマンガを買ったとか、温泉に行ったとか、公用車で別荘に行ったとか、そんなことをメディアがすさまじい勢いで叩きましたけれど、あれは叩き方が異常だと思いました。だから、僕は舛添さんを擁護する立場をとりました。確かに公費で『クレヨンしんちゃん』を買うのはよしたほうがいい、高い給料もらっているんだから、それくらいは自分のポケットマネーで買いなさいよということはありますけれど、それと政治家としての能力の間には直接の関係はない。政治家を評価するときは、政治家としての能力を見るべきだと書きました。その人が私生活において、どういう人物であったにせよ、例えばケチな人間だったり、好色であったり、あるいは内心きわめて邪悪な人間であったりしても、政治家として評価するときの基準としては、それほどプライオリティが高いわけじゃない。

木村　僕も舛添さんが都知事を辞めさせられるような決定的理由はなかったと思います。批判材料として出されていたのは、本当に些細なことばかりでしたよね。

内田　辞職の理由になるようなことではなかったです。メディアが政治家の人格属性をあげつらって、それで政治家の評価を上げ下げするのはよくない。そのことを書きました。

だから、小池百合子の場合もこの人はどういう政策を実現しようとしているのか、その政策を実現するだけの力量があるのか、どういう国をつくろうとしているのか、それを見るべきだと思ったのですけれど、そういうことをメディアはまったく問わなかった。ただなんか緑のピラピラしたものを着て、「変えます。変えます」と言っていたら、みんながワァーと盛り上がってしまった。

選挙中に、蕎麦屋で、横にいた人たちが話しているのを聞いたことがありますが、「小池百合子でいいじゃないか」と言って盛り上がっている。気になったので、どういう理由で支持するのか聞き耳を立てていたら、「いいじゃないか。女が一回ぐらい総理大臣をやったほうがいいんだ」と言っていました。「ガラスの天井を打ち破る」という、言葉だけの空疎なイメージ操作が実際に功を奏していることと知りました。

風が吹いたり、止んだりということとは別に、小池百合子という人は何も変わっていないわけです。相変わらず同じようなことを言っている。「排除します」だって、別に政治的に変節したわけではなく、前からずっと「ああいう人」なのです。ずっと同じようなことをやっているのに、あるときは、有権者がそれに拍手喝采し、あるときは手のひらを返したように、文字通り「弊履《へいり》を棄《す》つるが如く」バッシングを加える。僕は有権者のこの動きのほうが気持ちが悪いというか、むしろ怖いのです。

何が「レバレッジ」になって有権者の気分が変わっているのか、それが読めない。メディアが操作しているというふうにも見えません。メディアはむしろ視聴者、読者の志向に合わせて、それに追随している。視聴率を取るために、部数を上げるために、とにかく視聴者、読者がどんなものを欲しがっているのかを必死で追いかけている。メディアとクライアントが、お互いに相手の尻尾を追いかけているみたいに見える。有権者とメディアが、お互いに、相手はこういうことを望んでいるのだろうと、尻尾を追ってグルグル回っているうちに、政治的にあまり重要ではない出来事がきっかけになって、大きな変化がもたらされる。『クレヨンしんちゃん』と「排除します」が同じような政治的効果を持ってしまう。僕はそれが怖いです。入力と出力が相関していない。ことの軽重を量るものさしが狂ってしまっている。

鳩山　本当にそうですね。

賞味期限は二年と自ら言っていた小池百合子

木村　鳩山さんは、小池さんのことは一九九三年の政権交代のときからご存じだと思いますが、どんな人だったんでしょうか。

鳩山　さきがけ、日本新党で政権を取って、ある意味で一つの政党になっていったわけですが、細川政権が発足したとき、小池百合子さんは日本新党で初当選します。印象的だったのは、われわれに政権が回ってきて彼女が言ったのは、大臣をやらせてほしいということです。初当選で、もう大臣を求めてきました。

木村　とても野心家ですね。

鳩山　すごい女性だと思いました。私など初当選の頃は、大臣などとてもとてもと思っていましたが、彼女は大臣をやりたいと言って、そうとう、ごねたと言ったら失礼ですが、求めていました。細川さんや武村さんから、いまは無理だ、待てということで抑えたんですが。ですから野心家といいますか、彼女はポストを求めてこれまでも行動してきた方だと思って見てみると、先般の行動もよく見えてくると思っています。

また、小池さんの排除発言で、これまでの追い風が一気に逆風に変わったという見方をされる方もいますが、私は少し違います。排除をせず、例えば民進党のすべてを希望の党に受け入れたとしても、絶対、人気は下がりますよ。

木村 それはそうかもしれません。それ自体が野合と言われて批判されることになります。

鳩山 全部入れますと言ったら、今度は民進党政権じゃないかといった批判は出るでしょうし、その人たちが主導権を握るという話になれば、支持率はグッと下がると思うのです。ですから合流するのであれば、やはり何人かはお引き取り願いたいとやらなければいけない。それはある意味でまっとうな措置だったと思うのです。

私が彼女が間違ったと思う点は、欲を出しすぎたというところです。彼女は自分の賞味期限は二年だというふうにおっしゃっていたみたいです。もうなくなってしまいましたが。

自分の賞味期限は二年で、この二年の間に総理をやりたいという思いを持っていたというふうに、側近から聞きました。ですから、その目的を果たすためには、二〇一七年のあの選挙がすべてでした。

内田　一回しかないと。

鳩山　その一回で勝つためには、希望の党だけでは無理だとすると、勢力を膨らませないといけない。関東周辺は自分たちが強い。だから、そうではない地域はやはり民進党と協力をして、勝っていけばいいのではないかという発想に、いつしかなっていったと思うのです。この瞬間に、私はその欲で潰れたと思っています。本来、党そのもので戦って、関東周辺で大勝したとすれば、求心力が出てくるんですよ。

ただ私も、先ほど内田さんがおっしゃったように、なぜ小池さんがそこまで、ご本人は変わっていないのに、一気に爆発的な人気が出たのかということは、よくわかりません。ただ、メディア出身の方だけに、メディアの使い方が非常に巧みだというふうには聞いていました。ですから、ジャーナリストたちからの評判は、当時はよかったのです。「非常にうまいんだよな」というふうに、評価をされていました。

でも、それが一気に落ちていったのは、小池さんの評価がどんどん上がっていって、政権交代のところまで行かれたらたいへんだという危機感をもった官邸が、メディアに対してなんらかの、「小池は潰せ！」といった話をした可能性はあると思います。そうとうの危機感を官邸はもったと思います。

内田　それはするでしょう。

鳩山　舛添さんに対しても、そうしたわけですよね。舛添さんが自民党の言うことを聞かなくなったら、本来は能力があるにもかかわらず、官邸というか、自民党というか、同じかもしれませんが、彼を切れと動いたわけでしょう。それでメディアなどをうまく使ったのだと思います。それと同じことを、私はやった可能性はあるのではないかなと見ています。

立憲民主党が化けるかどうかの「さじ加減」

木村　最大野党であった民進党の分裂後、希望の党への合流組と無所属となった方がたとは別に、その前の党首選で惜しくも敗れた枝野さんが中心になって立憲民主党を立ち上げました。その立憲民主党への国民の期待は大きな風となって、結果的に野党第一党、もとの議席の三倍以上を獲得しました。僕の住む鹿児島では、鳩山さんとともにずっと戦ってこられた川内博史さんも当選しました。いままで投票したくてもするところがないといった人々の政治の受け皿ができたと思うのですが、この立憲民主党の立ち位置・役割とその影響については、鳩山さんはどのようにお考えになっていますか。

鳩山　民進党が無所属と立憲民主党と希望の党に分かれましたが、その三つを足すと、この改選前の議席より増えているわけです。ということはトータルとしては、彼らは負けたという意識は必ずしもないかもしれない。

しかも立憲民主党はいちばん最近できて、ある意味で排除された者に対する国民の同情みたいなものを一気に集めて勝ちました。彼らの政策的な軸は、もともと私がいたときの民主党に近いものがあると思っています。希望の党が、ひょっとして本心は自民党にもっと寄っていきたい、あるいはできれば入りたいという人たちも中にはいたみたいですが、そういう集団に比べ、もっとリベラルな、保守リベラル的な色彩を持った政党が誕生したと見ていて、これは救いだったと思っています。

ただ、ちょっと心配なのは、その中でまたいろいろと勢力争いが起きているようで。

内田　もう起きているんですか？

鳩山　いわゆる社民党系の人たちが、組織の中心的な存在になってきているといいます。あまり旧社民党的なイメージをつくりすぎると、必ずしも伸びていかない可能性があるのではないかと思っているのです。立憲民主党がある意味で、すべてを受け入れろというつもりはないのですが、やはりより広い視野に立って、仲間を糾合していくようなことができればいいと思うのです。俺たちがとにかく勝ったのだという意識でいすぎると、必ずしも立憲民主党の将来も明るくないような気がします。大事なことは、どこの政党とどこの政党がくっつくみたいな話は、もう国民は聞き飽きているわけですから、そうではなくて、やはりいまの安倍政治に対して、われわれはどういう方向で団結して、臨んでいくかということをわかりやすく表明しなければいけない。政策の軸を三つ、四つ、きちんと立てて、そこに一人ひとりの議員や候補者が糾合していくようなやり方をもう一度、求めていかなければいけないのでしょう。その中の一つの中心的な役割が、この立憲民主党だと思うのですが、それだけに立憲民主党が「俺たちは立憲民主党だぞ」と言って、ほかの人たちに対して、必ずしも温かいメッセージを出さないとなると、なかなかその将来がきついのではないかと感じます。

内田　そこのところは、先ほどの多党乱立か二大政党制か、どちらがいいのかということにも似ていますね。多党が乱立すると、離合集散合従《がっしょう》連衡《れんこう》が行われる。それは民主主義のエクササイズだと僕は思います。それで民主主義が、その国の政治文化が成熟してゆくこともある。でも、多党乱立すると政治が不安定になる。いまのドイツがそうですが、選挙前に、このあと国がどうなるかについての予測が立たなくなってくる。各政党は一応、公約を掲げますけれど、選挙後に連立すると、そこで掲げられた公約がどうなるのかわからない。連立相手次第で、撤回されたり、変更されたりする可能性がある。公約を信じて投票しても、投票した政党が、選挙後に違うことを始めてしまうリスクがある。

政治において予見不能性が高まることには良い点と悪い点と両方あると思います。政党間のネゴシエーションの技術が成熟していくのは良い点です。でも、選挙のときに掲げられたアジェンダの信頼性が弱まるという点は悪い点です。いま、立憲民主党が陥っているジレンマはそこじゃないかと思います。はっきりしたアジェンダを掲げたい。こういうことをやるんだという旗幟を鮮明にするということが必要だということはわかっている。そのために「永田町の数合わせはもうやらない」とはっきり表明しました。しかし、それが同時に、自分たちとアジェンダを共有できない人たちとは連携しないという、教条主義的な冷たさを与えてもいる。政党がネゴシエーションの余地のないほど硬直的であることは立憲デモクラシーにとって決してよいことではない。

だから立憲民主党にむかって「どっちかに腹を括れ」というのは無理だと思うのです。旗幟は鮮明にしなければいけないけれども、ある程度の柔軟性は確保しなきゃいけない。それは本当にさじ加減の問題だと思うんです。ケース・バイ・ケースで対応するしかない。だから、いま立憲民主党は難しいところにいると思います。どういうさじ加減で、どうバランスを取るかが問われている。明確な方針を立てて、少数であっても、揺るがずに突き進んでいく尖った政党というイメージが大事なのか、それとも、小異を捨てて大同に就き、安倍政権に代わるより立憲的・民主的な政権をつくるためには他党との協力を辞さないという寛容でオープンな政党である点をアピールするのか、これはなかなか悩ましいところだと思うのです。

どちらかに軸足を移して、方針をすっきりさせろというのは、だいたい新聞の社説がそう言いますね。新聞はどこも、対話的になるか、綱領的に純化するか、どちらかに決めろというふうにせっつく。でも、面倒だから話を簡単にしろというのは、メディアが罹《かか》っている一種の病気だと思います。そんなの無理ですよ。政治的現実そのものは複雑なのに、政党だけ単純になるわけにはゆかないでしょう。複雑な現実には、複雑な組織、複雑な綱領でしか対応できない。現に、自民党だって、平気で一夜にして公約を覆すようなことをしているじゃないですか。でも、自民党に向かって、対話的に行くのか、聞く耳持たずに首尾一貫するか「どちらかに決めろ」なんてどこの新聞の社説も言わないじゃないですか。それなのに野党にだけはそういうことを要求するんです。

鳩山　ただ旗幟を鮮明にすることによって、求心力を高めるということはあり得ますよね。

内田　そうです。旗幟が鮮明でないと誰もついてきませんから。でも、それが最大限綱領主義的になると、求心力は逆に衰える。ここにリストアップしたすべての綱領に同意する者しか仲間に入れないということにすると、仲間は減る。

アジェンダを明確にすることと、求心力を高めることは、しばしば背反するんです。だから、ここは手作業でやるしかないと思います。いちばん実践的なのは、この矛盾を、政党を構成している一人ひとりの政治家がおのれの属人的な資質において処理することです。組織として首尾一貫でありかつ融通無碍《ゆうずうむげ》であるようなものを設計することは不可能ですけれど、個人としてならできる。腹の据わった人なら、一度決めたことは違えないけれど、誰かに「そこを曲げて」とすがりつかれたら、「今度だけだよ」と言って、ちょっとだけ折れるというような芸当ができる。原則を貫く、いったん口にした約束を違えない人だけれど、それでもやむにやまれぬときには、その原則を曲げ、約束したのとは違うことをすることもある。そういうことって、ふつうの人間はふだんからやっているわけじゃないですか。旗幟鮮明であり、かつ対話的であるような政党を組織することは制度設計上不可能だけれど、政党を構成する個人単位でなら、それができる。だから、そういう芸当ができるだけの見識と器量を具えた政治家をどれくらい集めることができるかというのが政党の最終的な力量を決定するんじゃないかと僕は思います。

いまだ福島の真実を語らない日本政府

木村　東京オリンピックを誘致するときに、安倍さんが福島の事故はアンダーコントロール、制御下にあると言われました。こういった福島原発事故に対する、安倍政権の対応を鳩山さんはどのように見ておられますか。

鳩山　福島の現実を誰も知らないというか、知らせないようにするということにおいては、安倍政権は成功していると思います。

木村　そういう意味ではですね。

鳩山　ただこれは、民主党政権時代からの責任だと思います。菅政権、野田政権、そして安倍政権。みなさんそろって、福島の真実を語っていないです。嘘で塗り固めたようなことを言って、オリンピックを招致するというのはたいへんけしからん話で、私はオリンピックなどはやるべきではないという主張をしているわけです。

木村　それはなかなかいま、言えないですよね。

鳩山　まさに言えなくなってきていますよね。でも本来、オリンピックを誘致するぐらいのカネがあるのだったら、もっと福島に手当てするべきなんだということは、誰が見ても当たり前だと思うのですが。

政治家も行政も怖くて、まだ、原発の施設の中に入った人はほとんどいません。確か川内博史君が入ったんですよね。

木村　二回も入りました。

鳩山　私は一度、福島原発四号機を上に上って眺めたのですが、グジャグジャでした。上から見ても穴が開いているわけです。天井が吹っ飛んでいるから、中が見えるのですが、非常に悲惨な状況です。稼働していない四号機でさえ、そのような状況です。川内君は一号機の中を見て、これは津波ではなく地震でやられたんだと言っていましたね。地震のダメージで、水素爆発が引き起こされたということを、彼は確かめました。

木村　二度目にビデオを撮られて、公開もされています。津波が原因であれば防潮堤を高くすれば対処できますが、本当は地震の揺れですでに原発が壊れていたということであれば、地震大国・日本にある他の原発の安全性も根本的に揺らぐことになります。

鳩山　それでも、ほかのメディアが黙っているものだから、国民のみなさんには十分知られていないことですよね。

これは民主党政権の時期からなのですが、原発に対しては、国民のみなさんに正直に、いまだに事実が知らされていない。甲状腺がんの方なども、子どもたちに増えているという話もあります。それでさえ、原発の放射能が原因だと言い切れていないわけです。基本的には関係ないんだというように、うそぶいているわけです。

私はこういうことに慣れ切ってしまっていることが、怖いことだと思います。モリカケの問題も、政権の立場とは多少違うことを正直にしゃべったとしても、あの人が言うことは信頼性がないといったような空気をメディアがつくってしまう。どうしても国民は、メディアのフィルターを通してしか知ることができませんから、政権側にメディアの統制をしっかりやられてしまうと、国民に十分に真実が知らされないまま、ジ・エンドになってしまうことだってあり得ます。

第三章

グローバル資本主義の末路

結局、グローバル資本主義は戦争に行き着くほかない

木村　この平成の三〇年を振り返ってみると、いまの日本は民主主義からファシズム、独裁制への移行過程にあるのではないかと考えています。その世界的な背景には、一九九〇年代初めに冷戦が終結し、アメリカ流の弱肉強食の金融資本主義、強欲資本主義が世界化し、新自由主義、新保守主義（＝新国家主義）のイデオロギーが浸透していくなかで、ルールとモラルなき世界が出現してきたという点があると考えています。そしてそれが、資本主義の世界的な行き詰まりに行きつき、もはや資本主義と民主主義との両立が不可能になりつつある状況下、強権的な政治経済体制に移行しつつあるのではないかと感じています。「資本主義末期の国民国家のかたち」などの論文も書かれている内田さんは、こういった現在の状況をどうご覧になっていますか。

内田　グローバルな規模で展開している金融資本主義というのは、実体経済と乖離した経

済活動です。本来、経済活動というものは、人間的な活動です。人間のスケールの中で行われている。人間の行う交換を駆動しているのは、身体的な、生理的な欲求です。衣にしても、食にしても、住にしても、人間の身体を守り、維持し、再生産可能にするためのものです。経済活動が人間の身体的な欲求に基づく活動である限り、そこには「身体という限界」がある。どれほど富裕でも、一日三食以上は食べられない。食べてもいいけれど、身体を壊す。服だって、一度に一着しか着られない。家だって、同時に複数の家で暮らすことはできません。結局、経済活動が人間の等身大の欲望に駆動されている限り、経済の規模は決まってしまうわけなのです。そして、成熟社会では、人口減少局面に入っているわけですから、経済活動の規模は必ず縮減する。加えて、成熟社会では、欲しいものはだいたい行き渡ってしまっている社会ですから、もう新規需要が発生しない。そうなると、経済が停滞するのは当たり前なのです。そして、それは身体を持っている人間にとっては「いいこと」なのです。欲しいものはもう揃っているわけですから。

でも、株式会社というのは、右肩上がりじゃないと、存在できない仕組みなわけです。投資するのはリターンを期待しているからであって、成長しない社会では投資する先がない。それでもなお無理やり成長させようとしたら、どこかで「身体という限界」を超えるしかない。つまり、人間と無関係なところで経済活動を営むというふうな文明史的な転換点を超えなければならない。それが金融経済です。そこでは、もう人間の身体は経済活動に関与しない。そこで行き交うのは、もう人間にとって有用な商品やサービスではなく、電磁パルスに変換された貨幣です。

人間の身体という限界を外したことによっていま資本主義経済は延命している。本来、経済活動は人間のために存在したわけですけれども、もういまは違う。金融経済を回すために人間が犠牲になっている。本来であれば人間たちがその欲求を満たし、幸せに暮らすために行われるべき経済活動が、人間たちに対立し、人間たちを食い物にしている。マルクスが「疎外」と呼んだ状況です。資本主義の末期的な症状が表れてきた。

いま、確かに経済活動の規模そのものは急速に拡大しています。でも、それはマネーゲームが加速しているというのにすぎない。一握りの超富裕層の保有する富が下位の五〇パーセントの富と等しいというような異常な富の偏在が起きていると。

木村　八人で三六億人分の資産でしたね。世界で最も豊かな八人で、最も貧しい三六億人と同じくらいの富を所有しているという驚愕の事実！

内田　富の偏在というのは、実体経済にはほとんどなんの影響も与えないのです。この超富裕の八人に富を集中させても、この人たちは投資はするけれど、消費はもうしないわけです。自分たちの持っているカネで株や不動産や金やレアメタルを買ったりはするでしょうけれど、それは別の形をした貨幣にすぎません。だから、カネでカネを買っているだけなんです。八人とその家族だけでは、食べる物だって、着る物だって、住む家だって、限られている。日替わりで自家用ジェットを乗り換えても、経済波及効果はたかが知れている。二極化して、富裕層に富が排他的に集積すると、経済活動は鈍化する。当たり前のことです。超富裕層はもうモノは買わないんですから。だから、カネでカネを買う金融しかすることがないのです。その仕事だって、いまはもう人間がするわけじゃない。株の売り買いなんかは、コンピュータのアルゴリズムが一〇〇〇分の一秒単位で行っている。だから、そこでどれほど巨額のカネが動いても、消費活動は行われないし、雇用も発生しない。

いまの金融経済というのは、もう人間的な活動じゃありません。人間と無関係に営まれているものを「経済活動」と呼ぶことはできないと僕は思います。人類史的な必然性がないので、遠からずこのような異常な経済活動は終わると僕は思います。しかし、それがどういう形で終わることになるのかは予測がつきません。論理的に言うと、富の二極化がさらに進行して、そのせいで実体経済のほうが鈍麻してきた場合に、さらに経済成長しようとしたら、あとは戦争を起こすしかない。

戦争というのは、人間が「それなしでは生き延びられないもの」を破壊することです。上下水道や、鉄道や、道路や、通信網や、医療機関や、学校を破壊する。そういうインフラはなしでは済まされないですから、戦闘行為が終わったら、すぐに再建が始まる。また鉄道を通し、ダムをつくり、発電所を建て、学校や病院をつくる。全部、またゼロから始める。未来を担保に入れても、これだけはやらずには済まされない。だから、そこに膨大なニーズが発生する。戦争というのは、すばらしいビジネスチャンスなんです。人間の身体を人質にとって、無理やり実体経済を駆動させるわけですから。

だから、内戦とか、テロがあったあとに急激な経済成長が訪れるという奇妙な現象が観察される。シエラレオネやリビアといった政情不安な国が一五〇パーセントというような異常な成長率を記録するのはそのせいです。新たにニーズを創り出そうと思ったら、いちばん簡単な方法は、いまあるもの、みんながそれで満足しているものを壊して、もう一回ゼロからつくり直させることです。

あとは成熟社会でなお経済成長を目指すとしたら、兵器産業に資源を集中するという手があります。兵器は理想的な商品だからです。ふつう、商品を市場に投入していくと、欲しい人全員に行き渡ったところで飽和するわけです。もう、新規需要がなくなる。でも、兵器は違います。というのは兵器というのは「兵器を破壊すること」を主務とする異常な商品だからです。ですから、市場に投じられる量が増えれば増えるほど、破壊される兵器の量も増えて、需要が生まれる。絶対に「市場が飽和する」ということが起こらない「夢の商品」なんです、兵器は。だから、ビジネスマインデッドな経営者であれば、「いちばん儲かるのは兵器製造だ」ということはすぐにわかる。

兵器産業は、戦争が起きなくてもいいんです。その場合でも、「そんな旧式の兵器じゃ、ダメですよ。敵が最新兵器を手に入れたら、もうおしまいですよ」と脅して、兵器のアップデートを必要とするように新製品開発をしていればいい。

ですから、このあと、「カネでカネを売り買いする」金融経済が行き詰ったときに、成長論者たちが選ぶのは、「戦争を始める」「兵器をつくる」というところしかない。これは、どう考えてみても、人間にとってまったく幸福な話ではありません。人間を人質に取り、人間を餌にすることによって、経済活動が回り、少数の人間が莫大な富を手に入れる。そういう悪魔的な仕組みに向かっているわけですから、どこかの段階で、ふつうの常識を具えた人たちが「こんなの、もう嫌だ」と声を上げるしかないと思います。

木村　そうした重要な事実をまだ知らない普通の人々に、覚醒してもらわないといけませんね。

内田　みんなが「もうこんなのは嫌だよ」と口を揃えて言い出したときに、僕はこの流れは止まるのかなという気がしているのです。

「こんなのは嫌だよ」というのが、どういう形をとることになるのかは僕には予測できません。でも、僕の周りにいる若い人たちを見ていると、もう資本主義的な生産様式や流通にはコミットしないとはっきり決めて、資本主義経済の仕組みから逃がれている人たちが出てきています。田舎に行って、農業や林業をやったり、パン屋をやったり、図書館を開いたり、地域の行政にかかわったり、いろいろなことをしている。共通しているのは、とにかくいまの支配的な市場経済の形とは違うやり方で、自分たちの手で価値あるものを創り出し、それを顔の見える人たちの間で流通させてゆき、生計を立ててゆくという実体経済に戻っていることです。それによってなんとか最小限の現金収入を得て、あとは自分たちの間の物物交換、手間手間交換で必要なものは調達できる。そういう生き方を選ぶ若者たちが急速に増えているように僕には見えます。彼らはたぶん意識していないのでしょうけども、資本主義の市場経済とは距離を置いて、静かに暮らしたいという欲求が生まれてきていると思います。

彼らに「どうして田舎に行くことにしたの？」と聞くと、多くの人が「都市は疲れるから」と言います。「僕、身体、弱いし」という回答もありました。身体も弱いし、そんなにメンタルも強くないので、グローバル資本主義の弱肉強食の社会ではとても生きていけないからって。弱くても生きてゆける、現金がなくても生きていける、そういう生活を求めている。そういうトレンドが出てきて当然だろうと僕は思います。

全世界が模索している新しい資本主義のあり方

木村　いま、資本主義の危機からの脱出について、最後は戦争を求める可能性さえあるというご指摘もありました。このような問題を鳩山さんは、どう見ていらっしゃいますか。

鳩山　そうですね。自然に行くと、そういう方向に行ってしまうのでしょう。だからそうならないようにしないといけない。しかしいま、安倍政権はこの日本を戦争のできる国にして、武器輸出三原則もやめて、武器もつくって、売れるような国にしようという方向で進めています。まさにその意味では、合理的な解決の方向に行ってしまっているのですが、これは本当にやってはならない解決策だと私は思います。

まさにグローバル資本主義が行き過ぎて、結果として、貧富の格差というものを全世界的に拡大させてしまった。この方向に対しては、私は平和的な手段で、歯止めをかけなきゃいけないと思います。それを「友愛」などという言い方をすると、なまっちろいと思われるかもしれませんが、私は友愛資本主義のような、人間の心というものを、資本主義の中にどのように埋め込んでいくかということが大事だと思っています。

木村　倫理のある経済ですね。

鳩山　倫理性というものを持った経済を、どうやってつくり上げていくかということだと思います。先ほどの内田さんのお話にもあったように、協同組合やＮＰＯなど、金儲けにはならなくとも自分のやりたい仕事で生きていけるような社会をつくっていくこともこれからは必要でしょう。グローバルな流れとは別に、新しい資本主義のあり方というものを見つけなくてはいけない。これは全世界的なレベルで、暗中模索の中からつくり上げていかないといけないと私は思うのです。この金融資本主義は、そうとう規制をしていかないと、ますます富の偏りが起きてしまうだけでしょう。大胆に世界的なレベルの中で、規制をかけていかないといけないと思います。その一つとして、寺島実郎さんなどは、通貨取引に税金をかける国際連帯税の創設をおっしゃっています。

現在の資本主義自体をこのまま野放しにしてはならないというのは、中国でも同じようです。習近平主席とお話をさせていただいた際に、これからは金持ちと中間層と貧困層に分けて政策を決めていきたいと言っていました。富を持っている人たちに対しては、社会貢献を徹底的に求めていきたいという言い方でした。ですから富裕層の富を、なんらかの形で他の人々に還元できるような仕組みをつくろうと、国家レベルでやっていくのではないかと思います。そして中間層をより増やし、貧困層はいかにして中間層に導いていくかというような、それぞれの政策をきちんとつくり上げていきたいというふうに言っていました。これはある意味で、社会主義市場経済ですが、社会主義的な国家だからこそ、できる話だと思いますが。これからはたぶん、富のある方に強制的にでも社会貢献をやらせていくのだと思います。

木村　中国の習近平主席に直接お会いして、鳩山先生はどのような印象をお持ちになりましたか。

鳩山　一三億の人口をまとめるのですから、やはりそれなりの手腕がなければできないことです。また彼に、死ぬまで主席をやらせたいと考えている熱狂的なファンが多いことも実は事実です。たぶん彼は、中国の長い歴史の中に残る男だと思いますし、そのような演説を十九大（中国共産党第一九回全国代表大会）でもされたと思います。

そのようなリーダーを日本も持ちたいものだと、私は感じました。あまりそう言うと、日本では批判を受けそうですが、私は彼を尊敬していますよ。

木村　習近平国家主席は、言われているほどすべての権限を集中させて、独裁的にやっているわけではないと聞いていますが、いかがですか。

鳩山　違います。そうではないと思います。

例えば一帯一路構想を推進する機関であるＡＩＩＢ（アジアインフラ投資銀行）にしても、本来だったら中国が前面に出てもよいのですが、二〇一七年の総会はむしろチェジュ島（済州島）でやったり、二〇一八年はムンバイでやりました。北京ではやらないのです。国内ではなく、むしろ海外で総会をやるということは、何もこの中国だけのＡＩＩＢではないというイメージを、外に向けて出しているのです。

彼の自信が垣間見える発言が一つあって、それは一つの花が咲いても春ではない。すべて一〇〇本の花が咲いたときに春だ、というものです。そういう中国を、そういう世界をつくりたいという話をしていました。社会主義国だからできるのだろうと思いますが、二〇二〇年までに貧困をゼロにすると公約しています。

何億人分もの資産を一人で持っていても、使えるわけないですものね。その人たちからいかに、社会貢献にまわしてもらうかが大事なのでしょう。

木村　税制問題がいちばん大きいと思います。税金をちゃんと取れるところから取ることが必要です。

鳩山　上から下に滴り落ちるはずだったのに、全然、トリクルダウンしないで、そのまま止まってしまっているものを、半ば強制的にでも、トリクルダウンさせていくシステムを社会に組み込んでいかないといけないということです。

トランプ登場で失われたアメリカの「真の国力」

木村　鳩山さんは、グローバリズムと金融資本主義の批判については、民主党が政権交代する前に出された論文「私の政治哲学」（『Voice』二〇〇九年九月号）の中にも、東アジア共同体構想の提起と一緒に書かれていました。それによって、アメリカのメディア（『ワシントン・ポスト』）からバッシングを受けたという経緯もありましたね。

鳩山　そうです。

木村　いま、そのグローバリゼーションに対する異議申し立てみたいな形でのナショナリズムが各国で噴出し、イギリスがＥＵから離脱したり、トランプ政権が出てきたりしました。

トランプ政権は中国の台頭とアメリカの後退という世界的な流れの中で、パクス・アメリカーナはもう維持できないということで出現した象徴的な政権だと思います。そのトランプ政権の評価については、鳩山さんはどうご覧になっていますか。

鳩山　トランプ政権ができる前は、私はヒラリー・クリントン政権ができるよりはマシではないかと考えていました。当然、サンダース政権ができれば、もっとよかったのでしょうが、それは無理として、ヒラリー対トランプの戦いでは、トランプに勝ってもらいたいと思っていました。

なぜなら、アメリカの産軍複合体に乗っかったヒラリー政権になってしまうと、日本の安倍政権は集団的自衛権の行使容認を決めたわけですから、まさに戦争に一直線に行ってしまうかもしれないと懸念したのです。そうなってはいけないということで、トランプ政権ができることを期待していましたし、実際にトランプさんが大統領になったときは、むしろ私は基本的には喜んだわけです。

ところが、やはりトランプ政権も、自分たちがそれなりに評価を受けて、持続させていくためには、結果として産軍複合体の上に、半ば乗り始めてしまっているという状況があると思います。またクシュナーなど、側近を身内で固めていく中で、どうしてもユダヤ系の人たちの評価を得たいということで、エルサレムをイスラエルの首都と承認するというような国連の決議違反を平気で行っていますし、せっかくオバマ大統領が苦心してつくったイランとの核合意から離脱を決めました。これらのことに対しては強い失望感を覚えますし、そこまでやるべきではなかったと私は思っています。

ただ、TPPに関して言えば、トランプ政権によってアメリカが離脱したことは、日本にとってはありがたいことだったのでしょう。グローバル企業をさらに活気づけるようなTPPを結ばれたら、世界の貧富の差がますます大きくなるだけで、決して望ましいと思っていなかったので、そこに歯止めがかかったことはよかったと思っています。

また中国との関係にしても、いわゆる一帯一路構想には、かなりトランプ政権は前向きになってきていて、私が聞いている話では、AIIBにも、最近、超党派の国会議員団を送り込んで、かなり詳細に、どのぐらい出資すればいいかというような話を聞いてきているようです。AIIBに対して、そうとう関係が好転する兆しができてきているのではないかと思います。

ですから、トランプ政権がやっているすべてが否定されるわけでもなく、いくつかは日本にとって、あるいは国際関係にとって、望ましい方向もなくはないということだと思います。ただ、日米関係に関して言えば、トランプ大統領は日本の自動車と農産物に対してこれから厳しく攻めてくるでしょう。また、温暖化対策の国際的な枠組みであるパリ協定から離脱するという決定に関しては、私はきわめて残念だと思っていますが、トランプ政権とは、これはとんでもないことをやったなという政策と、これはよくやったという政策が合わさった政権になっていると思っています。特に、いわゆるアメリカの既得権層と戦おうとして出てきた政権と考えられますので、そのような状況で、政権運営していくことはなかなか厳しいとは思いますが、そういう彼の生きざまに対しては、評価できる部分はあると思っています。

内田　一貫しているのが、オバマの政策を全部裏返していくということですね。

鳩山　そうそう。

内田　僕は、トランプが大統領になるのを期待していたという人に初めて会ったので、またそれが鳩山さんであったのも意外でした。でも、いま、お話を伺ってみると、なるほどという気がいたしました。是是非非で言うと、是の政策もある。ただ、おっしゃった通り、そこに整合性がない。アメリカの国益第一ということだけはわかるのですけれど、国際社会というか、世界はどうあるべきかといった、国際社会の未来についてのグローバル・ビジョンが全く提示されていない。

やはり国力というのは、単に軍事力や経済力ではなく、国際社会を導いていくだけの指南力が必要だと僕は思います。地球上の七〇億人に向かって、人類が一致してそちらに向かおうという目指すべき未来を提示できる力がいる。トランプのアメリカはまだ経済力、軍事力では世界一でしょうけれど、指南力はもう失った。これは、アメリカの国力が大きく減退したことの徴候だろうと思います。

もちろん、アメリカにはまだ優秀な政治家や外交官が残っていますから、アメリカがそれなりに調停力を発揮してトラブルを解決したり、独創的なアイディアを国際社会に提示するということは断片的にはあるかもしれませんが、首尾一貫した国策として、「世界はかくあるべきで、その中でアメリカはこういう役割を演じるだろう」ということを提示することは、もうできなくなってしまったと感じます。

でも、これがまさにトランプ流の必然的な帰結なんだと思います。自分の手持ちのカードを見せない、次に何をするのかわからない、信じられないほど非合理な政策を選択するかもしれないという猜疑心を相手のプレイヤーに抱かせることで、お得意の「ディール」を仕掛けているんですから。首尾一貫した国策を提示しない、いかなる未来像も提示しないということで逆説的に状況をコントロールしようとしている。ですから、短期的には相手を不安にすることはできるけれど、その代償として、国際社会からの信頼を失ってしまった。

でも、あのようなビジョンのない人物を、まさに「後先のことを考えないで無謀なことをしそうな人物だから」という理由で大統領に選んでしまったということは、アメリカが過去一世紀にわたって維持してきたスーパーパワーとしての国力国威を失ってしまったことの際立った徴候だと思います。アメリカに代わって国際社会のあるべき姿を提示できる政治主体がどこにも見いだせない以上、これから非常に混乱する時代に入っていくだろうと思います。

アメリカの衰退後、未来を示す力こそ大きな国力となる

内田　僕はアメリカという国は、基本的には好きなんです。統治システムとして実によくできていると思います。カウンターカルチャーが強くて、メインストリームが失敗しても、必ずカウンターが登場してきて、その失敗をリカバーできるように、補正の効く仕組みができている。その点が、かつてのロシアやいまの中国との際立った違いだと僕は思います。

とにかく反権力的な文化がしっかり根づいていて、時の権力者が統治機構のすべてを支配することができないように安全装置が仕掛けてある。司法も議会もホワイトハウスからの独立性を維持しているし、メディアも健全に機能している。『ニューヨーク・タイムズ』はトランプ批判をしたら、部数が増えたそうです。日本のメディアが政権批判を手控えて、結果的にメディアへの信頼とニーズの両方を失っているのとは正反対です。

アメリカは「リスクヘッジ」という点については、本当にすぐれた国だと思います。リ

スクヘッジというのは平たく言えば「サイコロ博打で丁半の両方に張っておく」ということですから、大勝ちはしない。でも、絶対に負けない。本当に大事なことについては、アメリカは必ずリスクヘッジをしている。それは国内的にはカウンターカルチャーを保持しておくということです。

ことその点に関してだけは、アメリカはまだ健全に機能しているように見えます。まだ、われわれがアメリカから学ぶべきことはたくさんある。だから、アメリカにはまだもうちょっとがんばってほしいです。このあとロシア、中国、アメリカ、EU、そしていくつかのそういう地域が、それぞれの地域的な共同体みたいなものをつくって、その中でひしめき合って、地域帝国化していくというようなことになるのかもしれないですね。

木村 日韓台の三ヵ国の連合についても述べられてらっしゃいますね。

内田 ええ。だから僕は東アジア共同体というのも、検討する甲斐のある選択肢の一つだと思います。

「パクス・アメリカーナ」の国際秩序が空洞化する中で、西太平洋におけるアメリカの影響力が低減する。そこにどういうふうな安定的な組み合わせをつくり出せばよいのか、そのシミュレーションを始めなければいけない。

東アジアでは、台湾に行ったり、韓国に行ったりするとリアルに感じるのですが、やはりこの地域の文化的な同質性は非常に高い。もとは同じ儒教圏、同じ漢字文化圏ですし、倫理も、美意識も、感情生活も、食文化も、共通するところが多い。その点ではEUを形成するヨーロッパ諸国と変わりません。このエリアで、外交的な連携を強めて、太平洋を挟んで対峙する二大強国であるアメリカとも中国とも等しく距離を取った、縦に長い連合体を形成する。中国の戦国時代に「合従連衡」という策がありました。中国もアメリカも、中小国と個別に同盟関係をとり結んで、中小国同士は相互不信で没交渉という「連衡」策を提示してきます。現にアメリカはいま韓国、日本、台湾に対しては、その政策で臨んでいます。それに対して、われわれが提起するのは中小国が縦につながる「合従」的な共同体です。韓国、日本、台湾、香港、ＡＳＥＡＮ諸国、そういう国々が連携して、東アジアにアメリカと中国の両方と等距離を置き、是々非々で両国と交渉する共同体を形成したほうが全体として、東アジアは安定するだろうと思います。もちろん、これはあくまで長期的なビジョンですけれど、どれほど空想的であっても、「こういうふうになったらいいね」というビジョンを提示することは、そのつどの短期的な地政学的環境に適応することと同時に行う必要があると思います。

東アジア共同体なんて、実現可能性がない、夢物語だ、という批判は当然あるでしょうけれど、「リアリスティックでないことを語れる」というのも一つの能力だと思うのです。いまの日本の政治家の中には、現実性は薄いけれど、聞いているうちになんだかワクワクしてくる話とか、「ああ、そういう考え方があったか」と目の前がパッと開けるようなストーリーを語ることができる人がほとんどいないです。

政治家たちも官僚も、みなさんリアリストなのかもしれないけれど、「せこい」話ばかりしている。目の前の問題にどういう解答をすればいいのかという設問形式になじんでいる。でも、それはもうすでに「後手に回っている」ということなんです。いつも、まず問題を突きつけられて、正解を探してじたばたしている。もちろん、そういう短期的な現実的対応も大切なんですけれど、それと並行して、もう少し長いタイムスパンで、現実性のあるなしはさしあたり脇に置いて、だいたいどういう方向に行くのが世界にとって理想的なのかを確認するという作業は絶対に必要だと思います。ある種の思考訓練なんです。でも、誰もそういうことをしなくなってしまった。

アメリカが国際社会のリーダーの仕事を放棄していったあと、国々やあるいは共同体が力を競うという局面を迎えたときには、軍事力や経済力や人口より未来提示できるビジョン構築力が競われることになる。未来の世界のあり方について、こういう世界はどうですかということを提示できる力。

例えば、ジャスティン・トルドーのカナダは小国ですし、軍事力も経済力も日本に比すべくもありませんが、彼の発言には世界のメディアが注目している。そして強い政治的影響力を現に発揮している。それが可能なのは、彼が提示している未来像に魅力があるからですね。「きれいごと」かもしれないし、醜悪な現実とあまりに乖離していると鼻先で笑う人もいるかもしれませんけれど、それでも、たまにはああいう話を聞いて、涼風に吹かれたような気分になりたい。

木村　イギリスの労働党党首のジェレミー・コービンも同じですね。

内田　そうですね。コービンもそうですし、バーニー・サンダースもそうです。フランスのメランションもそうでした。現実的可能性はさておき、理想的な社会のあり方を語る力はある。自分たちの国はこういう方向に行くのだということを具体的な政策として提示できる政治家が出てきたら、そういうところがリーダーシップを発揮するのだと思います。

木村　僕は、アメリカのトランプ大統領はリバタリアンで、基本的には軍事的な不干渉主義だと思っています。対外政策で言えば、オバマ大統領も世界の警察の座からは降りると言及しましたが、実際には任期の二期八年間ずっと戦争を続けていました。トランプ大統領はオバマ大統領以上に本気で、世界の警察をやめようとしています。彼は大統領選中からイラク戦争を批判していましたし、ヒラリーなど他の候補者たちと違って、朝鮮半島問題の平和的解決にも積極的に言及していました。

つまり、これまで起こされてきたアメリカの戦争や冷戦構造の継続に大きな影響力を行使してきた、いわゆる産軍複合体とは一線を画すという姿勢を鮮明に打ち出しているといえます。だからこそ、戦争で傷ついた多くの軍人たちがトランプ氏を大統領選挙で支持したのです。

また、トランプ大統領は、就任直後にTPPから離脱する大統領令を出したことからもわかるように、現在のグローバリズムにも批判的な姿勢を示しています。グローバル資本ではなく、アメリカの労働者の利益を優先するという発想です。だからこそ、さびれた地方都市の住民や多くの貧しい労働者（白人とは限らない）が彼を大統領選で支持したのです。「アメリカ・ファースト」という言葉についても、文字通りに「アメリカ第一主義」と日本では訳されていますが、本来ならばこれは、副島隆彦氏が指摘されているように、「アメリカ国内問題優先主義」と訳すべきだと思います。トランプ大統領は、もうこれ以上、パックス・アメリカーナを軍事力で支えるのは不可能であるという方向を目指していると思います。いい意味で軍事や経済を縮小しながらのアメリカの再生を志向するという発想は、彼には大統領選挙中からもともとあったと思います。

ただ、大統領当選後に彼が思っているような方向で、その組閣もできませんでしたし、やろうとしている政策の大部分を中途半端、あるいはできないような状況で、今日に至っています。トランプ政権内ではマイケル・フリンやスティーブン・バノンが最初に失脚しました。彼らは過激な主張をしていましたが、実は軍事的な不干渉主義者で、ロシアとの戦争や、北朝鮮との戦争を回避する主張をしていたと思います。彼らのやめたあとに入ってきた、マクマスターやケリーといった人々は、実はネオコンに近く、産軍複合体との関係も非常に深い人たちでした。大手メディアの批判的報道や議会でのトランプ弾劾の動きなどで追い込まれたトランプ政権が、二〇一七年四月にシリア攻撃を行ったときに、それを絶賛したのは、ネオコンを統括する役割をしていたジョン・マケイン（上院共和党の軍事委員長、二〇一八年没）やヒラリー・クリントンであったというところも注目する必要があると思います。

ただ、鳩山さんも言われたように、最近のエルサレムをイスラエルの首都と承認したことや、イランとの核合意の見直し、ベネズエラに対する干渉、キューバ政策の見直しなど、いろいろ危うい点はありますので、そこは厳しく見ていかなければならないと思います。

内田 トランプはおっしゃる通りにリバタリアンです。問題は、リバタリアンには、その語の厳密な意味での「公共」という概念がないことです。リバタリアンは国が自分たちの財産に手をつけたり、自分たちの生命を勝手に使うことに反対します。だから、徴税にも徴兵制にも反対する。トランプはアメリカ史上、行政職も軍務も経験していないただ一人の大統領です。連邦税を払っていないことを選挙期間中に指摘されましたけれど、「誰だって税金なんか払いたくない。オレが払わずに済んだのは、それだけスマートだからだ」と公言して支持者たちの拍手喝采を浴びました。健康になんの問題もないのに徴兵も逃れた。そのことを別に恥ともしていない。それは、「公共のために働く」ことがよいことだという発想そのものが彼にはないからです。自分の自由は自分で守る、自分の財産は自分で守る、自分の生命は自分で守る。俺は国家なんか当てにしない。その代わり、国家も俺を当てにするな、というのがリバタリアンの骨法です。なかなか清々しい生き方だとは思いますけれど、そのような人間が大統領になって、政府を主宰し、国際社会で影響力を行使するということは、本来はあり得ないことだと僕は思います。

国益より自己の利益を優先する勢力

木村　朝鮮半島の分断・固定化というのは、アメリカ側のこれまで一貫した政策でした。いまでも、南北の平和的統一を望まない強硬派の人々が、大きな影響力を持っているという状況があり、そこが大きな問題だと思っています。

内田　米朝の平和条約が締結されても、それは南北統一とは全然次元の違う話です。北朝鮮が過去に提案した「高麗連邦」構想というのも、一国二制度ですから、三八度線を境にそれぞれ自治するという形は実質崩れません。米朝の平和条約締結というのは、ですから、アメリカにとっても北朝鮮にとっても、それほど実害のある話ではないと思います。

木村　そうです。アメリカにとってもそんな悪い話じゃないはずです。それなのに、そうしようとしない。

内田　誰が半島における軍事的緊張を求めているのですか。

鳩山　産軍複合体を維持したいという人たちから見ると、緊張はあったほうがいいわけでしょう。

木村　やはり産軍複合体とウォール街、ネオコンの存在が平和条約実現への最大の障害だと思います。

内田　ただ、いくら産軍複合体が望んでいても、アメリカ市民は朝鮮半島の戦争に自分たちがコミットすることはまったく望んでいないと思うのですが。

鳩山　そうだと思います。でも、産軍複合体の力というのは、まさに大きいわけでしょ。そこに米国の国民の民主主義との大きな乖離がありますよね。

内田　営利目的の圧力団体が、自己利益のために国益と背馳《はいち》する政策を提案してくるということはあり得ることですけれど、その影響力を見切るのは難しいですね。われわれが他国の外交について考えるときは、常識的には国益を最大化するためにカードを切ってくると予測しますけれど、国益を損なうけれども、ある種の集団が自己利益を増すためのカードを切ってくる可能性がある。国益は損なうけれど、俺らの銀行口座の残高が増えるなら、それでいいというシニカルな考え方をする人たちが確かにいる。その人たちがどれほど政策決定に影響力を持っているのか、それを僕たちが限られた情報から見切るのは難しいと思います。

鳩山　アメリカ・ファーストと言っていたトランプ大統領もたぶん最初の頃は、産軍複合体のことは、あまり考えていなかったと思うのです。ところが、政権をとってみると、産軍複合体、軍事産業というものが、アメリカの経済の中に占める影響力を無視できないと思い始めたのではないでしょうか。

内田　アメリカの表の政体とは別に産軍複合体というものがあって、政策決定に強い影響力を行使している。日米安保体制から受益している人たちと同類です。国益をアメリカのために犠牲にすることによって、アメリカに認められ、その権威を背景に国内の地位を保全してもらい、自己利益を増大させている人たちがいる。彼らは国政に対して強い影響力を持っている。その点では、アメリカも日本もあまり変わりがない。悲しい話ですけど。

木村　トランプさんは大統領選の後半部分から軍拡路線を打ち出し、産軍複合体にも配慮するような発言をしました。大統領になってからは、当初は世界にある米軍基地の撤退という方向性もあり得たはずなのに、軍拡路線を打ち出しました。これは産軍複合体の金儲けに協力するためなのか、それとはまた別に、新たな戦争にGOを出すという動きにつながっていくのか、強硬派の中でもせめぎ合っている状況ではないでしょうか。

北朝鮮をいつまでも温存して、ミサイル防衛システムを韓国や日本に配備させて、大儲けをするという意図もありますし、第二次朝鮮戦争を起こして、北朝鮮を一気に叩き潰すという最強硬派がいることも無視できません。

鳩山　ただ、そういう最強硬派は少数だと思いますよ。やはり安倍首相に、高いイージス・アショアやF-35戦闘機などを買わせるというのが、一つの目標なのでしょう。

内田　それがいちばん優先順位が高いと思います。

鳩山　それをトランプ大統領は、うまくやったという話だと思います。

銃社会にみるアメリカの闇

木村　またアメリカで高校生が犠牲になるような銃乱射事件が起き、トランプ大統領も限定的ながら銃規制をするような動きを見せる一方で、教師に銃を持たせて対抗すれば犠牲者は少なくなるという暴言も出ています。

これまでコロンバイン事件など、何度もアメリカではこういった学校での銃乱射事件が起きるたび、銃規制が課題として浮上しますが、いまだ根本的な対策が講じられるには至っていません。オバマ政権のときにも同じような銃乱射事件が起き、銃規制に動こうとしましたが、議会で共和党の反対にあって潰されました。銃社会の問題は、アメリカの憲法にも国民が武装する権利を認めているという背景もあって、なかなか変わらないという根本的な要因もあります。また、産軍複合体の一角を占めている全米ライフル協会の存在が、銃規制反対に大きな影響力を持っているという構造的問題もあると思います。

内田　憲法修正第二条が武装権の法的根拠なのですが、これは独立戦争の頃に制定された箇条です。「規律ある民兵は自由な国家の安全にとって必要であるから、人民が武器を保有し、また携帯する権利は、これを侵してはならない」とあります。単なる市民の武装権ではない。民兵（militia）についての条件なのです。独立戦争のときにアメリカ植民地には正規軍が存在しなかったので、民兵が武装するしかなかった。そういう歴史的限定の中で制定された条項です。

さらに修正第三条を見ると、「所有者の同意を得ない限り、一般人の家屋にも兵士を宿営させてはならない」とある。独立戦争時のリアルな戦闘の過程で現実に起きた出来事を踏まえて決められたルールです。別に超歴史的に一般性のある話じゃない。

中国共産党は内戦を展開しているときに「紅軍規則」を定めましたが、それは兵営を借りたら必ず持ち主に返せとか、必ずトイレは人家から何メートル離れたところに掘るとか、食料を徴収した場合は謝礼を払えといった、戦争中に紅軍兵士が守るべき具体的なルールを定めたものです。でも、中華人民共和国が建国されたときの憲法にはそんな条項は入っていない。当たり前です、具体的な戦争の局面で守るべき具体的なルールを定めた条項であって、建国の理念というような崇高なものじゃないんですから。同じように、アメリカの市民には武装する権利があるという条項も、「勝手に人のうちを兵舎にするな」に類する具体的で限定的な状況を想定して制定されたものです。何百年もありがたがって守るようなものじゃない。現実に銃によって年間三万人が死んでいるんですから。

鳩山　いま、お話を伺って、まさにその通りだと思います。世界最大の軍事力を持っていて、さらにそれを強化しようとしているような米国が、他国からの攻撃と戦うために、一般の人たちも銃を持つのが当然だという発想はおかしいと思います。あまりにも頻繁に悲惨な事件が起きる状況を前にして、アメリカ国民も本気で立ち上がる時期なのでしょう。

日本では、水面下では銃を持っておかしなことをやる連中がいないわけではないですが、基本的にふつうのわれわれは武器を持たない。それがある意味で、無駄な死を避けることにつながっています。日本のような、仲間内で人が殺し合うようなことがきわめて少ない社会は、アメリカにとっても一つのモデルだと思います。

アメリカも、建国の理念がどうのこうのというような場合ではないでしょう。トランプ大統領が、銃乱射事件の被害者や、事件のあった学校関係者と面会した場で、教師に銃を持たせればいいとおっしゃりましたが、一国のリーダーとしては、とても信じられない発言だったと言えるでしょう。なんらかの銃の規制をしていくという話もありますが、銃の所持の規制というところまでもっていかなければあまり意味がないのでしょう。

木村　そうでなければ根本的な解決にはならない。

鳩山　伺ったところによりますと、連続して弾を撃てるようなタイプの銃については規制をしようという話ですね。

内田　一発ずつ撃つのならいい。人を殺すときは一発ずつ撃って殺せというだけの話でしょう。

鳩山　そういう人は当然出てくるでしょうし、アンダーグラウンドでは、規制をくぐり抜けるようなことも出てくると思います。そこは徹底的に、ある意味、かつての刀狩りを行う必要が本当はあるのだと思います。

木村　マイケル・ムーア監督の映画『ボウリング・フォー・コロンバイン』の中でも、触れられていたと思うのですが、同じように国民が銃を持っている国として、お隣のカナダがありますが、カナダではそういう事件があまり起こっていない。そこが非常に不思議なところですが、これはやはり移民のあり方、建国の経緯や、インディアン虐殺の有無や、その程度など、いろいろな問題が関係しているのでしょうか。

内田　いちばん大きいのは、全米ライフル協会がカナダにはないということなんじゃないですか。

木村　それは大きいかもしれませんね。ただアメリカでは戦争文化的なものがものすごく強いですが、カナダはやはり平和的な文化が強いという、そうした文化的伝統の違いが象徴的に表れているような気もしますが。

内田　カナダも開拓時代は、みな銃を持っていた。それでネイティブ・アメリカンと戦ったり、開拓民同士でのガンファイトなどがあったかもしれません。でも、ある段階で、銃ではなく法律でトラブルを解決しようという方向に切り替えた。

『リバティ・バランスを射った男』という西部劇がありますけれど、何ごとも銃で解決するタイプのジョン・ウェインと、東部のロースクールを出て、法律で町を治めようとするジェームズ・スチュアートの葛藤を描いたものです。この映画の中では、銃の時代が終わって、法律の時代に移ってゆく。何十年かのち、ジョン・ウェインは無名のカウボーイのまま死に、ジェームズ・スチュアートは上院議員になる。たぶんそういう流れは、開拓時代の終わりのアメリカにもあったはずなのです。もう銃の時代じゃないという思いがあったはずなのだけれど、どこかで逆流があって、いや、市民は誰も銃で武装する権利があるという主張が盛り返してきた。法律なんかじゃ正義は実現できない。銃が要るのだという主張が現実的なものに思えてきた。これはそのままアメリカの対外的な外交姿勢と同期していきます。だから、かなり作為的につくられた流れだと思います。

鳩山　どうすれば銃を手放しますかね。

内田　全米ライフル協会をなんとかしなきゃいけないんじゃないですか。

木村　もう刀狩りをやるしかないわけですが、そういう政治勢力の結集は、やはり難しいのでしょうか。

内田　難しいでしょうね。刀狩りの過程で、銃を差し出した市民と、非合法的に銃を所持している悪い連中との間に暴力の非対称性が生じる。こちらが丸腰になったときに、悪者だけが銃を持っていて、どうやって身を護るんだ、という話になるのでしょう。

木村　アメリカ社会に三億丁ほど、出回っていると言われていますよね。

内田　そうです。人口より多いのです。

第四章

沖縄問題からみた新しい世界地図

日本が主権国家であるかのように偽装してきたツケ

木村　沖縄の自己決定権、そして琉球独立をめぐる問題についてお聞きしたいと思います。まず、一六〇九年、薩摩による琉球侵攻がありました。そして一八七二年に、明治政府により琉球藩が設置され、その後七九年に沖縄県になります。このとき、もともと琉球王国に属していた奄美諸島などは、鹿児島県に完全に編入されます。こうした二度にわたる「琉球処分」によって、琉球王国が完全に潰されることになりました。沖縄県以外での廃藩置県が七一年に行われていることを考えれば、琉球・沖縄の事例がいかに「特異」であったかが理解できると思います。

そして現在沖縄では、琉球・沖縄差別の根源として、薩摩による琉球侵攻だけでなく、一八七二年、七九年に「琉球処分」という名で行われた二つの出来事を、「琉球併合」と再評価して正しく位置付けるべきだという主張が出てきています。それはその後の日清・

日露戦争や、一九〇五年、一〇年に行われる朝鮮の保護国化とその全面的併合、朝鮮併合にもつながります。そしてさらに、満州事変から日中戦争、日米戦争、アジア太平洋戦争につながるわけです。そしてアジア太平洋戦争の末期に行われた沖縄戦では、日本軍による琉球・沖縄の人々をスパイ視しての殺害や、軍の命令による、「集団自決」という名の強制的な集団死も行われたのです。

一九四五年から五二年までは、米軍の直接軍事占領下に置かれ、五二年には七〇パーセント以上の沖縄の人々が、日本復帰を望んだにもかかわらず、それが無視される形で日本本土と切り離されました。そして、沖縄では七二年の日本復帰まで米軍の占領が続いたわけです。

日本本土では五二年の主権回復以降、米軍基地が減っていくのですが、それが沖縄に移転集中する結果を生みます。当初、五二年時点では、一対九で本土のほうが米軍基地が圧倒的に多かったのですが、それが五対五になったのが一九六〇年代後半です。さらにそれが七二年で三分の二以上、沖縄に米軍基地が集中することになり、その後もその比重は増え続け、最大時は七五パーセントにまでなったわけです。現在は北部訓練場の一部が返還されたので、七〇パーセント前後となっています。

このように本土にある米軍基地、例えば五〇年代に山梨・岐阜両県にあった米海兵隊基地をそのまま沖縄に移転するなどして、沖縄に米軍基地を集中させるという形での差別が平然と行われたわけです。これは新崎盛暉さんの言葉で言えば、「構造的沖縄差別」ともいうべきものです。

こうした差別の中、現在、沖縄では琉球ナショナリズム、沖縄の自己決定権について論じられるようになってきました。これは、鳩山政権が「国外移設、最低でも県外移設」の方針を掲げ、普天間基地問題を沖縄の民意に寄り添った形で解決しようと努力し、挫折したあとに生まれた新しい動きです。もうこのままでは、沖縄は永久に米軍基地の過重負担がなくならず、朝鮮半島有事や日中間での軍事衝突が起きれば再び戦場にもされかねないという危機感が高まった結果でもあります。

そうした流れの中で、単なる自治権の強化だけでなく、最終的な外的な自治権の行使としての独立の達成ということも含む沖縄の自己決定権という考え方が生まれたわけです。沖縄の自己決定権の提唱だけでなく、琉球・沖縄独立論が、琉球ナショナリズムという言葉とともに次第に共感を呼び始めてもいます。研究者レベルでの琉球民族独立総合研究学会が二〇一三年に設立されて以降、いまも活発な活動を行っていることからもわかります。

　もちろん沖縄の大多数の人は、まだ、独立という最終的な態度を決定しているわけでもありません。松島泰勝さんなどが主張する民族的なアイデンティティを理由とした独立という選択は、いまでも少数派かもしれません。しかし、このままいくと、沖縄の自己決定権としての沖縄・琉球の独立という選択肢を余儀なくされる状況に追い込まれる、いや国際社会からの支持を背景に沖縄から日本本土が見捨てられる日もそう遠くないのではないか、というのが私の実感です。

　琉球・沖縄の独立という選択肢は日本本土から強いられた選択であるとも言えますが、沖縄から見れば、それは日本を見捨てるというものです。実は、そういう選択が、日本本土に突きつけられているとも言えます。鳩山さんは東アジア共同体研究所を二〇一三年に東京に設立され、琉球・沖縄センターも那覇に置かれて、これまで沖縄問題にかかわられていますので、少しお話しいただけますか。

鳩山　沖縄で、ここまで差別が続いているという状況の中で、自己決定権を求める機運というものが、かなり盛り上がってきているという気が私もしています。昔は酒場における、不満やるかたない思いのはけ口としての居酒屋談義という側面もあったと思いますが、いまはそれを超えて、学識者の方がたが研究し、論理的に主張をされるようになってきています。

また海外を見れば、スコットランドやカタルーニャなど、既存の枠組みからの独立という動きは様々に起こってきている。必ずしもそれらが、みな成就しているわけではありませんが、そういう外の世界の動きに、沖縄の人たちは非常に強い関心を持ち始めてきていると思います。私もいわゆる本土の人間として、そういった動きをプッシュするつもりはないのですが、彼らがつらい状況の中で、自己決定権の行使は突き詰めて考えると独立しかないという希望を持ったのだとしたら、それに対して本土の人間として反対する何物も持ち得ないし、その気持ちはよくわかります。

ただ難しいのは、いま、日本自身がアメリカの植民地という状況になっていて、その日本の植民地に、明治になってから琉球がなったという、この二重の植民地化をしている状況の中で、沖縄が自己決定権を持ったときに、どうやってそれを成就するのか非常に難しいと考えています。

それよりも前に、本当は日本自身が自己決定権を持って、それこそ真の意味での独立した状況をつくっていくことで、沖縄が独立せずとも、沖縄のみなさん方に協力を呼びかけながら、彼らの気持ちにより近づくことが可能だと思っています。沖縄の問題は、むしろ日本自体の問題で、日本が自己決定権を持ち得ない状況の中で、沖縄の自己決定権を行使したとしても、それがうまく作用するとはとても思えないのです。

ですから、沖縄の自己決定権を行使するぞということを主張しながら、日本自身に自己決定権をアメリカに対して行使しなさいということを強く求めていく。そして日本の国政の中で、それをきちっと受け止めていくような勢力をつくり上げていくことが、何より必要なのではないかと、いま、お話を伺いながら感じたところです。

日本政府が明治維新から一五〇年ということで祝う気持ちはわからんわけではありませんが、一方では、沖縄県民の気持ちになって考えたときに、それは素直に喜べないことは間違いないと思います。

明治に入って、欧米列強に伍していかなきゃいかんということで、それならばわれわれも殖産興業だ。そして軍事大国になるんだということで、遅ればせながらどこか植民地にできないかということで、琉球処分が行われた。

木村　琉球処分というのは、実態から言えば、「琉球併合」ですよね。また同時代には、蝦夷地・アイヌの問題もありました。

鳩山　日本は植民地を求めながら、大国志望になっていった。私はその大日本主義というものが誤りだったという本を著しましたが、まさに大日本主義が芽生えたのが、明治維新であります。その大日本主義が何をもたらしたのかと言えば、先ほどからお話があった、戦争で完全に大負けをするという悲惨な結果です。

それなのにいまになって、捨てたはずの大日本主義が、また復活しようとしてきていると私は感じています。その一つが、福島の原発事故があれほどの悲惨な状況をもたらしたにもかかわらず、原発再稼働を求める政府の姿勢です。心のどこかに、やはり核大国、核兵器大国になって大日本主義という欲求を満たしたいという気持ちがあるからに違いないと思っています。一方で、国連の安保理常任理事国になることを求めていくという方向にも、大国の仲間入りをしようという気持ちがあるのでしょう。さらにはTPPをはじめとするグローバリズムの中で、大国の地位を求めていこう、あるいは昨今の安倍政権はアメリカからたくさんの武器を購入して、軍事的にも強い国になっていこうという方向が出てきていると思います。

これは日本がたいへん望ましくない方向に、また進んでいっているように思えてなりませんし、明治維新を祝う気持ちというのが、大日本主義を礼讃する気持ちをかき立てる方向のお祝いにも思えてなりません。これはいま、沖縄で起きていることと真逆な方向で、政府が行動しようとしていることと言えるのでしょう。

内田　鳩山さんがおっしゃる通り、沖縄が単独で独立を果たすということは論理的に不可能だと思います。まずは日本が主権国家になる必要がある。

沖縄の矛盾のほとんどは、日本が主権国家でないにもかかわらず、主権国家であるかのように偽装していることに由来しているものです。日本がアメリカの属国であるという現実を隠蔽するために、矛盾を沖縄に押し付けている。日本がいまだに米軍の被占領国であり、軍事的属国であるという現実を可視化させないために、沖縄が利用されている。だからこれは日本の問題なわけです。「沖縄問題」ではなくて、「日本問題」なのです。日本人が全体として、わがこととして取り組まなければいけない問題です。

独立論というのは非常によくわかるし、僕はそれに共感するのですが、いきなり独立するのは不可能だと思います。まずは日本が国家主権を回復し、その結果、沖縄もさらに幅広い自治権を回復するというプロセスが現実的なんじゃないでしょうか。

対米従属の記念碑的事業である辺野古基地建設

木村　沖縄はまさしくアメリカの戦利品で、直轄の軍事植民地という状況下にあります。七二年の復帰前の米軍占領時代はもちろんのこと、七二年の日本復帰以降も、事実上の占領状態に置かれ続けてきているということです。

こうした状態をなんとか変えなければならないという認識で、鳩山さんは首相のときに沖縄の民意に沿うような形で普天間基地問題でも、「できれば国外移設、最低でも県外移設」の方針を掲げて尽力されたと思います。

鳩山　沖縄は米軍の植民地であり、さらに日本の最初の植民地でもあるという、二重の植民地状態にあり、たいへん悲運のもとにあると思います。

二〇一七年の一二月にオスプレイが名護の安部《あぶ》というところに落ちて、それを日本は不時着という言い方をしましたが、私もそのあと見に行きましたが、あんな場所は不時着できる場所じゃありません。完全に海に墜落をしているわけです。乗っていた米兵が無事であるとは、ちょっと思えないようなところに墜落しておりました。

二〇一七年一年間に、沖縄でヘリの事故が七件起きています。その中には、畑の中でヘリが炎上したりするなどのかなり大きな事故もあり、よく沖縄県民に人的被害が出なかったものだとほっとしています。二〇一八年に入っても、短い期間にすでに数件、事故は起きていて、これはとても異常な事態です。

日本の政府は、日米地位協定の見直しといったことを言葉では言っていますが、及び腰であり、本気でやろうとはしていないのではないかと思います。その証拠に、例えばこういう事件、事故が起きても、たぶん数日で事故の調査が終わったと言って、また同じようにオスプレイにしろ、ヘリにしろ、飛び立っていきます。安全が確認できるまで飛ぶなといくら言っても、それをまったく無視して、行動しているのが米軍です。

沖縄のみなさんも、この危険と隣り合わせの状態に、不満も高まっているはずなんですが、選挙になると、公明党も含め政府が、そうとう力を入れて、あらゆる手段を使って巻き返します。

二〇一八年の名護市長選では、稲嶺市長のほうは、はっきりと辺野古はＮＯだと言っていましたが、勝利した渡具知候補は辺野古のことはいっさい触れず、それでいて裏では学会、あるいは公明党の支持を貰うために、基地を縮小すべきだというような書面にハンコを押している。そしてそのことはいっさい言わないで、勝ったら、そんな約束は無視して、政府に協力するような姿勢をとっています。こういう状況にあって、沖縄の県民も、いま、非常に揺れ動いているのは事実だと私は思います。

基地は確かにありがたいとは思わない人のほうが圧倒的に多いと思うのですが、一方では、こういうことで、県民の意思が真っ二つに分かれてしまっている状況に対して、憂えている人たちも多いように思えます。またいろんな懐柔策で、政権の側についてしまった人も、かなりいるように思います。

そういう状況で、じゃあ、何ができるかということになると、やはりそうとう限られてきているのではないかという気はしますが、もっと私は知事があらゆる権限を行使して、裁判に持ち込んでも勝ち目がないのだとすれば、それ以外の手段を行使してでも、新しい基地は絶対つくらせないという方向で行動していくしかないでしょう。安倍政権はかなり強硬に沖縄に対しては問答無用とやってくるように思いますから、予断は許されない状況になっています。

内田　沖縄の基地の多くは、武力占領された土地なんです。米軍が銃剣とブルドーザーによって、暴力的に住民を追い出して、造成した。ところが、今度もし辺野古に基地ができると、これは日本人が強制によらず、自発的に受け入れた最初の基地だということになる。

木村　その通りです。戦後初めて新しい米軍基地が、日本人というか、沖縄の人々の意思でつくられるということにされかねません。

内田　これは巨大な既成事実となる。いままでだったら、米軍基地は、われわれの意に反して日本国内に置かれているということが実感としてありましたが、辺野古が実現してしまったら、「日本人が進んで米軍に基地を提供して、駐留してもらっている」という安保条約の基本にある虚構のストーリーが現実のものになってしまう。辺野古基地の実現は対米従属の記念碑的な事業になるわけです。だから、日米安保体制で受益している対米従属マシーンはあれほど必死になって、辺野古基地を実現しようとしているのだと思います。

既成事実づくりを防ぐために、ありとあらゆる手立てを駆使して、辺野古反対の意思表示をしなければならない。結果的に、「銃剣とブルドーザー」による具体的な暴力によって、市民を蹴散らして辺野古基地が完成したとしても、反対運動の存在によって、このように暴力的な仕方でしか、民意を踏みにじることによってしか日本国内に米軍基地はつくれないのだという事実が全世界に伝えられる。沖縄の住民の中に、基地の造成を願い、それを米軍にとりすがってまで懇望するような人間は一人もいないという事実を可視化することができる。日本の政府が基地造成を先導している、つまり日本政府そのものが「銃剣とブルドーザー」の一部品であるという現実がはっきりと露呈される。それは本土の市民たちに対してだけでなく、国際社会に鮮烈なメッセージを発信することになると思います。

辺野古以外の解決策をトランプと議論しない安倍政権

木村　この米軍基地問題に関連して、いま、沖縄では県外移設を要求する声が高まっていて、それは以前は国外移設を含む県外移設という言い方もされていたんですが、むしろいまは「県外移設＝本土移設」ということで、米軍基地を日本本土に引き取れという要求になっています。沖縄に七〇年以上も米軍基地を過重負担させてきた日本本土の人々の圧倒的多数は、日米安保体制を容認していると。たとえその日米安保体制を批判し、基地反対運動をしている人たちも、結果的に無力で、沖縄に基地負担を押し付けるという結果責任があるではないかということが問われています。いま、それに呼応して、日米安保体制を容認する人、批判する人も含めて、日本本土のまだ、一部の県、地域ですが、沖縄の米軍基地引き取り運動も起こっているということがあります。

内田　引き取り運動ですか。そんなものがあるんだ。

木村　いま全国の一部で、起きています。二〇一五年の大阪を皮切りに、福岡と長崎、新潟、そして東京など、日本各地のまだ一部の地域ですが、徐々に広がっています。

内田　住民運動としてですか。

木村　いや、一般市民が中心で政治家はまだあまり入っていないと思います。全国各地で集会を開きながら、基地引き取りへの賛同を呼び掛けています。「辺野古を止める！全国基地引き取り緊急連絡会」も二〇一六年八月に結成されていて、全国知事会「米軍基地負担に関する研究会」への沖縄の基地負担集中をなくすための日本本土への基地引き取りの申し入れなども行っています。ただ、現在はまだそれほどの広がりはもちろんありません。しかし、この基地引き取り運動は、米軍基地の沖縄への過度の集中、押し付けは、日本の植民地主義の表れではないかという重要な問題意識とも重なっているわけであって、日本の人々が真剣に向き合わなければならないことと思います。僕自身はお二人が言われたように、普天間基地移設問題ではいま、沖縄県内でたらい回しするように、辺野古に新しい基地としてつくられることは許されないと、本当にそう思います。

もしそれを国外移設、つまりアメリカに持っていかせるということが不可能ならば、それは沖縄以外の日本で引き取るしかないという主張は当然だと思うのです。

もちろんいちばんいいのは、鳩山政権が模索したように、大部分の部隊を国外・アメリカに撤退させるということであり、一部、必要な部隊については、揚陸艦のある佐世保の近くの長崎の二つの自衛隊基地に、二、三〇〇〇人の海兵隊だけを残すという形がベストだと思っています。普天間基地の移設問題は、そのように対応することが、本土にいる日本人の責任、義務でもあると思います。それ以外の沖縄の米軍基地の多くも実は日本本土から移転していった部分が大きいのです。一九五〇年代から六〇年代に沖縄に移る前は、海兵隊も日本国内、山梨や岐阜などにいたわけです。

だからこそ、その海兵隊の部隊を日本本土にもう一度、持ってかえれという主張は、一定の説得力はあると思います。ただ、僕自身は普天間基地問題は別として、沖縄のその他の米軍基地を日本本土に、いま持ってくるという選択は難しいと思います。それよりも、やはり先ほどから出ているような方向性、つまり常時駐留なき安保へ方針を転換して、米軍基地、米兵を沖縄から最優先にして撤退、縮小するという方向転換をするべきだと思います。

しかし、実際にそれをやるだけの対米自立と真の独立を目指す政権がいま、日本でつくられていないことが最大の問題です。沖縄の米軍基地の日本本土への基地引き取り運動というのは、非常にジレンマの中にあり、日本本土と沖縄、あるいは沖縄内部の基地反対運動に微妙な亀裂を生み出す悪循環というか、生き場のない議論・問題になっているのが残念です。

鳩山　私がこのあいだアメリカへ行って、議員の方がたと議論をしても、沖縄の問題に対する認識がきわめて薄いのです。ただ、やはりアメリカ軍の海外での展開に関して、もう一度、アメリカの中できちんと議論する必要があるのではないかということを、おっしゃった方がたもいました。

私はそこに若干、救いを見いだすのですけれども、そもそもいまのようなミサイルで行うような戦争で、果たして海兵隊というのが、どういう役割を果たすかということを考えたときに、政治的に海兵隊の力はまだあるようですが、実際の部隊として、海兵隊というのは、どこまで役割があるのかを考えれば、大幅にアメリカの戦力として、縮小させても可能なのではないかと考えます。

それから沖縄の海兵隊の半分はグァム、テニアンに行くことは決まっているわけですから、残りの部分に関して、その必要性も含めて検討して、もともとその残りでも、半分以上は沖縄にはおらず、海外でいろんな訓練を行っているのが実情です。

木村　海兵隊の大部分は沖縄にはいつもはいないわけですからね。

鳩山　常時、そこにいる必要はないわけです。ですから沖縄にいる時期もあったっていいと思いますよ。ただ、それは現存する、どこかの基地の中で、十分足りる人数ではないかとも思うし、あとは先ほど、おっしゃった佐世保とか、日本の中でも、それこそ一ヵ月、二ヵ月単位で、ローテーションで回していけば、必ずしも新しい基地をつくる必要性はないと私は思っています。そういう議論を本来しないといけないのに、もう辺野古が唯一の答えですということに、凝り固まっている安倍政権が、一切トランプ政権との間で、議論をしようとしていないことが最大の問題だと思います。

内田　僕は、辺野古を「沖縄の米軍基地」と呼ぶことにちょっと抵抗を感じるんです。あれは「海兵隊基地」じゃないですか。沖縄には、空軍基地があって、海軍基地があって、陸軍基地があって、海兵隊基地がある。嘉手納にはあんなでかい飛行場があるけれど、あれは空軍基地だから、他の兵科は使えないと言う。だから、四軍がそれぞれ自分たちの専用の基地が欲しいと言っている。こんなのは、米軍のわがままでしょう。そんなの使い回しすれば、いくらだってできるはずです。

鳩山　できますね。

内田　普天間の海兵隊の基地を返還するので、海兵隊の滑走路がどこかに欲しいというのであれば、県内の空軍基地でも、海軍基地でも、使い回しをすればいいじゃないですか。嘉手納基地なんかあんなに広いんですから、四軍で譲り合って、一体運用すればいいじゃないですか。それがどうして「絶対にできない」んですか。それとも、あれですか。空軍と海兵隊が共同利用したら、もう離着陸の管制もできないようなカオス的状況になってしまうというような不細工な軍隊なんですか、在日米軍というのは。

鳩山　嘉手納ですよね。

木村　嘉手納統合案が潰れた一因が、空軍と海兵隊との対立だったみたいですね。

内田　そんなの日本に関係ないですよ。そんな軍隊内部の縄張り争いなんか、自分たちで何とかしろという話ですよ。

鳩山　そうですね。

辺野古にこだわっているのは、日本のゼネコンや自衛隊

木村　鳩山さんも指摘されていますが、沖縄に米軍基地が集中していることが、むしろ危険で、抑止力を弱めることになるということはある意味で常識ですよね。米軍の中でも、そういった報告書が一部、出ているということで、要するに中国のミサイルは、もう全部、沖縄の米軍基地を射程内に収めて狙っているわけですから、むしろ危ないということだと思います。もちろん米軍側の先制攻撃に対する反撃として、ターゲットにはなっているという意味です。もともと海兵隊は、もう要らないという声は、アメリカの中でも、実はあるんですよね。

内田　そうですね。敵前上陸って言って、どこに上陸するんですか。

木村　沖縄は大規模な訓練・演習を行うにはやはり狭いのです。多国籍軍の訓練・演習ができないという限界があって、よりそれができやすいハワイやオーストラリア、グァムな

どでやったほうがいいという事情もあるようです。海兵隊の一部には根強く戦利品としての沖縄にしがみつく傾向はありますが、アメリカ政府としては、そこにあまりこだわっていないのが実は現状だと思います。むしろ辺野古の新基地建設にこだわっているのは日本側であり、それはゼネコンの利権もあるし、なんといっても米兵、米軍を人質、傭兵として、置いておきたいという日本の官僚・政治家の倒錯したメンタリティが最大の障害となっていると思います。

内田　いや、それよりも米軍がいなくなったら、日本政府が自力で安全保障戦略を考えなければいけないのだけれど、それを考えることができないということじゃないんですか。だって、戦後日本人は一度も「自前の国防戦略」なんか考えたことがないんですから。いくら自前の国防戦略を起案したって、米軍の許諾がなければ、そんなものゴミ箱に放り込まれるしかないわけです。だから、考えても仕方がない。考える権利がないし、考える義務もない。そうやって七〇年間思考停止してきた。だから、米軍がいなくなったら、パニックでしょう。

鳩山　また別の見方として、どうせそんなに長く米軍はいないから、そのあとは辺野古は自衛隊の基地にできるのではないかという話がありますね。

木村　そうです。自衛隊が辺野古新基地を使用することになるのです。だからゼネコンの利権だけでなく、むしろ自衛隊の思惑も大きいと思います。

内田　自衛隊は米軍が抜けたあとの米軍基地は全部自分たちのものにするつもりなんでしょうね。民間に返すことなんか、考えてないですよ。。

鳩山　そうでしょう。

内田　そもそも日本国内の米軍基地は、日本の旧軍の陸軍海軍の基地をそのまま居抜きで使っているわけですからね。横田も、厚木も座間も横須賀も、全部もとは旧軍の基地でしょう。だから、占領軍が立ち去っても、引き続きそこに「軍隊」が居座るという事情は変わらないいんじゃないですか。

木村　高江のヘリパット基地建設で注目されているオスプレイの問題にも触れさせていただきます。オスプレイを二四機、二回に分けて、沖縄に配備しようという動きが、二〇一三年から一四年にかけてあったときに、当時の仲井眞知事でさえ、オスプレイ配備を強行すれば、普天間どころか嘉手納からも米軍は出ていけということになりかねませんよという警告を発したことがありました。また、二〇一七年六月に亡くなられた大田昌秀知事も、そのようなことをやれば日米安保そのものが危機に瀕しますよ、と言われていたことが印象に残っています。当時、前原誠司議員なども独自の立場・視点からそのような危惧の念を表明していたと思います。

結果的に日本政府、当時は野田政権でしたが、オスプレイの配備を強行したのです。事故ばかり起こして「未亡人製造機」とも言われているオスプレイの配備の強行は、ものすごい屈辱であったと沖縄の怒りを生みました。しかし、こともあろうに日本政府は、自衛隊の後継機としてそのオスプレイを一七機購入して、いま、佐賀にそれを配備しようとしています。このオスプレイの問題というのは、対米従属を象徴する問題となっていると思いますが、お二人はどう見ておられるでしょうか。

内田 オスプレイは、どこの会社がつくっているのですか。

木村 アメリカのボーイング社です。

内田 なぜこんな欠陥飛行機を納入しつづけられるんですか。実際、死んでいるのは、米軍人なんでしょ。

木村 いや、もちろんそうですが、実は、その問題にはいろんな経緯があって、実験段階から事故が多く、当時、ブッシュ政権のときのチェイニー副大統領が待ったをかけようとしたのです。ところが、影の大統領と言われたチェイニー副大統領でさえ、それを止められなかったという経緯があります。だからいったん走り出した産軍複合体の生産計画というのは、欠陥機であろうが、生産ラインがもう出来上がってしまうと、止められないということなのです。

安全性を証明するために、オバマ大統領をオスプレイに乗せるという話が一時ありましたが、それもすぐに立ち消えになりました。やはり危ないからです。

内田　オスプレイの配備を、アメリカの国家意思の発現だとみなしてよいのかどうか。そこが難しいですね。

先ほども言った通り、軍隊の動きには、複数のファクターが絡んでいて、一枚岩ではない。国益よりも産軍複合体の利益を優先するような政策がホワイトハウスや議会の抵抗を押し切って実施されるということが起こる。オスプレイの配備は、アメリカの総意とは思われない。これは日米安全保障上の問題ではなく、アメリカの国内問題なのかもしれません。

鳩山　そこは私にはわからないのですが、やはり空を飛ぶ機体としては、ある意味で、こういうものができたら理想ですよね。場所は取らないし、ヘリコプターのよさと、それからいわゆる普通の航空機のスピードと両方を兼ね備えている。

木村　旧式のＣＨ―54とかと比べても、航続距離も、輸送量も数倍なんです。それなりの利点はあるようです。

鳩山　ですから、それは魅力的なのでしょう。でもそれが、二四機のうちの二機がもう潰れている。だから飛行機でありながら一割がもう壊れているというのは、当然、欠陥機なのです。

木村　世界一危険と言われている普天間で、世界一危険な軍用機が飛び回っているということなのです。本当に異常です。

鳩山　結局それは、日本政府の意思ですよ。

内田　これはＮＯと言うべきだと思いますよ。

鳩山　対米従属を示したいという、それしかないですよね。

内田　だから実際には、飛ばさないのではないですか。買っただけで、危ないから格納庫にしまっておくかもしれない。

鳩山　私も同じことを考えた。

内田　飛ばして事故が起こったら、「ほらみたことか」と大問題になる。格納庫にしまって誰も乗らないなら、ボーイングは儲かるけれど、とりあえず人は死にませんからね。

本土の人々が向き合わなければならない沖縄に対する植民地主義

木村　僕は二〇一六年九月に、東アジア共同体・沖縄（琉球）研究会を仲間と一緒に立ち上げて、共同代表を務めています。もう一人の共同代表は琉球大学の高良鉄美先生、名誉顧問に故大田昌秀元沖縄県知事、また筆頭顧問に鳩山友紀夫先生になっていただいています。現在まで一三回の公開シンポジウムを開き、その中で沖縄問題とは何かを、ずっと問い続けてきています。いま内田さんも言われたように、結局、沖縄問題というのは、沖縄独自の問題というよりも、米国問題であるし、それ以上に日本の問題であるということです。また軍事・安全保障の問題である以上に、人権、民主主義、地方自治の問題であると思います。

鳩山さんなどは、ある意味、一種の民族問題でもあるという指摘をされていますが、僕もその通りだと痛感しています。沖縄・琉球差別の根源は、日本の植民地主義の内と外なる問題です。遡れば一五、六世紀になりますし、一九世紀の末から本格化する問題でもあります。戦後日本は、アジアの忘却と沖縄の犠牲の上に、括弧付きの平和国家を享受してきたと思います。つまり、アジアでの冷戦構造の最前線に立たされたのが、朝鮮半島と沖縄であったのではないかということです。日本本土は、そこから一見、離れたような形で憲法九条を謳歌し、平和国家であるふりをしつづけることができました。でも、沖縄の歴史を知れば知るほど、実はそうではなかったのだということを痛感させられます。

龍谷大学の松島泰勝先生は、琉球民族独立総合学会の立ち上げのときの共同代表で、現在は私たちの研究会の共同副代表でもありますが、いま、いちばん取り組まれているのは、琉球人、アイヌの遺骨返還問題です。これは、学問・知における植民地主義の問題で、本当に根が深いものです。ほとんどの日本人はそのことを知りませんし、一九〇三年の人類館事件という、琉球人やアイヌ、朝鮮人、台湾の原住民などを見世物のように展示した事件ともかかわる問題です。

人類学者が、遺骨を墓場から遺族の合意もほとんどなしに、勝手に掘り起こして持ち去り、調査・研究材料に使っていた過去があります。その遺骨は京都大学や東京大学、北海道大学、九州大学など、多くの著名な大学に残されており、その返還を求める運動がいま、起こっているのです。この運動はアイヌが先行したのですが、琉球（沖縄や奄美）からも、そういう声がいま出てきています。

ただ、それに対する対応が、京都大学が典型ですが、門前払いというか、いっさい無視で、情報公開にも応じていないという状況です。民間レベルの松島さんたちの要求ではいっさいダメだったので、沖縄選出の国会議員である照屋寛徳先生を通じて京都大学に正式に要請したら、初めて一部の遺骨をまだ現在でも保管しているということだけは認めました。ただ、その遺体が何体あって、それがどのような研究であり、成果として何が出されたのかなどについても不明だという、きわめて不十分な回答でした。僕は基地の引き取り問題もそうですが、これは被害者という意味では、沖縄・琉球、アイヌの人々が、当事者かもしれませんが、逆の加害者という意味での当事者は、いうまでもなく日本本土の人々であり、われわれの問題なのです。この問題では、大学などの研究機関だけでなく、実は日本政府の責任も問われていることはいうまでもありません。もちろん、これは、根本的には日本本土の人々の意識の問題であって、自分たちの内なる植民地主義とも、向き合うことが求められているのではないかと思います。

遺骨返還問題と並んで、もう一つ注目されるのが、琉球王国時代に、アメリカ、フランス、オランダとそれぞれ結んだ、三つの条約の問題です。その三つの条約が日本政府、外務省の外交資料館に保存されていますが、その返還も松島さんたちは求めているのですが、それに対する日本政府からの反応もまだないということです。ただ、これはまだ沖縄全体の民意になっていませんので、沖縄県が正式に県として日本政府に求めるということにはなっていません。しかし、この問題も、遺骨問題と並んで、沖縄・琉球差別の象徴であり、いずれ根本的な解決が求められることになると思います。鳩山先生は、こういった沖縄・琉球差別の問題についてはどうお考えですか。

鳩山　私はもともと北海道を選挙区としていたものですから、アイヌの方がたの遺骨が北大の研究者によって、いまお話があったように、沖縄と同じだと思うのですが、墓が掘り起こされて、研究に使われたと伺っております。アイヌと日本人はどう違うのかというような研究だと思いますが、その遺骨がまだ戻されていないということで、北大を中心とする研究室に保管されているものがまだあるとすれば、それをすべて返せという要求が、私がまだ議員のときに起きていました。

白老という私の選挙区でもあったのですが、そこに将来、民族共生象徴空間として国立アイヌ民族博物館をつくることになり、そこにこういった散り散りになったアイヌの方がたの遺骨を戻して、そこに慰霊碑をつくり、鎮魂の場にしようとアイヌ協会の方がたは考えておりました。それが現在、進んでいるのかどうか気になってはいるのですが、そういう方向で動いていたこともあり、遺骨を取り戻そうという運動が起きていました。たぶんそれと、琉球人の問題とどちらが先かは私はわかりませんが……。

木村　琉球人の問題はあとです。アイヌの運動に学びながら、現在、出てきている動きです。

鳩山　そうですか。北海道の場合ですとこれまで、やはりアイヌに対する差別的な目がありました。もともとアイヌの人々がアイヌという言葉を使うことすらできず、ウタリと言い換えて、ウタリ対策というような言い方を長い間せざるを得なかった現実もあります。また旧土人保護法もあって、旧土人と言われていた時期もあるわけです。それはようやく解決はされてはいますが、心のどこかにこの差別意識がまだ残っているように思います。

これは違う人種であるという差別意識で、沖縄の場合の、植民地意識とはまた違うものです。ですからアイヌの人たちが、北海道を返せと言っても無理な話だとわかっていますから、土地の所有権をどうのこうのということまで、あまりしようとはしていません。アイヌ民族の権利、人権というものをより求めていく運動の中で、遺骨の返還問題が起きてきたわけです。ですからこれは日本人として、誠意をもって丁寧に、できるだけ彼らの気持ちを理解するような形で結論を出して差し上げないといけない話だと思っています。すでに誰のご遺骨かわからなくなってしまっているものもあるということで、そういうご遺骨の扱いをどうするかなど、結構、複雑な問題があるように伺っています。

内田　墓を暴いて遺骨の比較研究をしたというのは一九世紀頃の初期の人類学からそうなんです。確か最初に人類学会ができたのが、一九世紀中頃、フランスだったと思います。そのときに人類学者が真っ先にやったことの一つが、墓地を暴いて、様々な人種の頭蓋骨を比べたことでした。人種間には器質的な優劣があることのエビデンスとして、まず骨が研究材料になった。黒人やユダヤ人はアーリア人種と頭蓋骨の形が違う、だから脳の組成が違う、知力のレベルが違うといった人種差別理論に「科学的」根拠を提供したのがジョルジュ・ヴァシェ・ド・ラプージュのような人類学者でした。一九世紀から二〇世紀初めにかけての初期の人類学はかなり深くレイシズムに加担していたのです。

日本の場合、有名なのは、先ほどお話に出た、一九〇三年に大阪・天王寺で開かれた第五回内国勧業博覧会の「人類館」です。アイヌ、台湾の高砂族、琉球人、朝鮮人、清国人、インド人、アフリカ人などが日常生活を営む様子を「展示品」にしました。沖縄と清国が展示に抗議して、大問題になりました。この展示を主導したのが東京帝大の教授だった坪井正五郎です。植民地主義的心性が露呈された展示で、科学史的に見ても、汚点の多い出来事でした。過去のそのような人種主義的な事例に関しては、どこの国でも、ずいぶん前から公的な謝罪が行われているはずですけれども、日本ではまだそれがなされていないことが驚きです。

東大でも京大でも、かつてそういう形で人種差別に加担したということについては、きちんと謝罪をして、被害者の側の請求に応えて、求められたものについては返還してゆくのが当然だと思います。それを怠るなら、国際的な非難を浴びることになると思います。

中国、アメリカなどの大国に与しない日韓の共同体構想

木村　東アジア共同体構想とは、二〇〇九年の政権交代で登場した鳩山政権で、鳩山首相が中心になって提起されたものです。その起源をたどれば、一九九〇年代初めに当時のマレーシアのマハティール首相が、東アジア経済グループ（EAEG）や東アジア経済会議（EAEC）といった東アジア経済圏構想をまず提起され、日本の橋本首相によるアジア通貨基金（AMF）構想や小泉首相による東アジア共同体構想への言及などもあって、鳩山政権のそれにつながったという経緯があります。日本の研究者では森嶋通夫先生が、その問題にかなり早い段階で触れられています。いまから日本は没落していく、その没落からの唯一の脱出口として、東アジア共同体があるのだという問題提起はまさに慧眼であり、一種の予言でもあったのではないかと思っています。

東アジア共同体構想というのは、戦前の大アジア主義や、大東亜共栄圏思想の復活とい

う側面があるのではないかと指摘されてもいます。もちろん、鳩山さんが主張されている東アジア共同体構想は、著書である『脱大日本主義』にも明確に書かれているように、そういったものとは完全に決別する形で、新しい東アジア地域の人々の共生と連帯を目指すものであると思います。また、その核となるのが日中韓三ヵ国とASEANであり、もちろん台湾や北朝鮮も将来的には入ることになるのでしょう。現時点では、ASEANが先行する形となっています。東アジアの共同体的なものを目指す動きとしては、国家だけにこだわらず、国境を超えて、島や自治体なども含めて考えるべきだという見方もあり、いろいろな形で新しいアイディアが出てきているというのが現状です。

日本が対米従属から脱して真の独立を達成するために、日米安保条約を縮小・解体する中で、多角的な東アジアの安全保障機構を構築していくという方向性が示されています。また、東アジア不戦共同体という形で、経済的な結びつきや相互依存をさらに進めていく中で、東アジアの平和を達成する、あるいは戦争勃発を避けるという課題が最重要ではないかという問題意識も、重要なポイントとして出されていると思います。

その一方で、アメリカの関与や、ロシアをどう位置づけるか、強大化する中国にどう対応するのか、日本の植民地主義の負の遺産の清算などといった様々な課題が残されています。つまり、領土問題や歴史認識問題なども含めて、いろいろな問題が山積しているのですが、この東アジア共同体的な方向性に、日本と東アジアの二一世紀の明るい将来展望を見いだしていこうとすることについて、姜尚中先生との共著で『アジア辺境論』も著していらっしゃる内田さんはいかがお考えですか。

内田　東アジア共同体が、想像できる最適解だということは間違いないと思います。でも、関与するファクターが多過ぎるので、われわれが何かをしたいと思っても、どういう手立てがあるのか、それがどういうプロセスで実現できるのかの予測が立たない。

いちばん大きい不確定要素はもちろん中国です。日本はアメリカの属国なわけですから、アメリカからの自立を果たすということが国家戦略としては最初に来るわけですが、中国がその動きをどう評価して、どう対応するのかがわからない。アメリカの支配から脱して、国家主権を回復するという日本の国家戦略を、中国が肯定的に評価するのか、それとも新たな変数が増えるということで否定的に評価するのか。独立した日本を含んだ場合に、中国がどんな東アジア戦略を描くことになるのかが見えないのです。

いまは「一帯一路」の構想が示されています。誰も言う人がいませんけれど、これはきわめて「中国的」なアイディアだと僕は思っています。中国人の「中華思想」のコスモロジーにぴったりと合っている。

中国の基本的な趨勢はやはり「西漸《せいぜん》」なのです。漢代から、中華皇帝は国内統一が済むと、まず西に向かった。張騫《ちょうけん》や李陵《りりょう》や霍去病《かくきょへい》や衛青《えいせい》といった、われわれ日本人でも中学生くらいのときから名前を知っている人たちのたどったコースはいまの「シルクロード経済ベルト」とほぼ重なります。明代には鄭和《ていわ》が大船団を組んで、東シナ海を南下して、マラッカ海峡を抜けて、インドから紅海を経て、東アフリカまで航海をしていますけれど、このコースは「二一世紀海洋シルクロード」とほぼ重なる。つまり、中国人にとって、中華皇帝の「王化の光」が広がってゆくときのコスモロジカルな地図は紀元前から現代まで、ほとんど変わっていないということです。たぶん、中国人にとってはこの動線にはある種の強い訴求力があるんだと思います。

この動線の方向に様々な事業を展開して、ＡＩＩＢで集めた資金を投下し、そこに国内の過剰生産した鉄鋼や過剰な労働力を投下して、完全雇用を実現するというのが中国の長期的な国家戦略なのだと思います。それについてはおそらく国民的な合意がある。

しかし、「西」へ向かう強い趨向性を持ちながら、その一方で、中国は「東」については、コスモロジカルな強い物語を持っていない。朝鮮半島、日本列島、台湾というのは、王化の対象である「東夷」にカテゴライズされます。もともと「化外《けがい》の地」ですから、中華皇帝が実効支配する土地ではない。現地の支配者に自治を許し、彼らが帝国に敬意を払い、朝貢してくる限り、様々な贈り物を下賜《かし》する。「東」については、特に強い領土的野心を示したことがない。歴史的にそうなんです。例えば、鄭和の船団は七回にわたって大航海をするわけですけれど、ついに一度も東へ向かわなかった。泉州から出港して、すぐに南下してしまう。東に三日ほどの旅程で、日本列島があるのですけれど、見向きもしない。

こういう「何かをしなかった」選択については、歴史家はあまり興味を示しませんけれど、僕はけっこう国のふるまい方の根幹にかかわる重要な情報が含まれていると思います。その「東にはあまり興味がない」中国ですけれど、日本がアメリカから自立して、主権国家として独立した国際政治のプレイヤーとなった場合に、どう遇するつもりなのか。日本をイーブン・パートナーとして迎えるということがあり得るのだろうか。これはにわかには予測しがたい。

東アジア諸国の中で、いちばんそのふるまいが予測可能なのは韓国だと思います。一九八七年の民主化以降の韓国は、国としてどういう形をとるか、国際社会でどうふるまうかについて、かなり安定した戦略を持っています。ですから、日韓連携がいちばん計画的には実行しやすいと思います。日本と韓国が相互に信頼し得るパートナーになること、これは他のどの組み合わせよりも現実性が高いし、実現すれば東アジアを安定させるための大きなファクターになる。韓国の人口が六〇〇〇万人ですから、日本と合わせると二億近い人口をもつ、巨大な経済圏ができる。生産力も開発力もレベルは高いですから、日韓が連携すれば、一気に政治的にも経済的にも世界的なプレイヤーになれる。

ですから、東アジア共同体を立ち上げる場合には、まず文化的に最も近い韓国との連携をうち固めることから始めるのが合理的だろうと思います。日韓は言語的にも、宗教的にも、倫理観や美意識や、生活文化においても、非常に近いところにいます。この両国が緊密な信頼関係で結ばれれば、東アジアで中国と拮抗し得るだけの力を発揮することができる。

実際に、日韓の間では、草の根レベルでは市民間の文化的な連携は、非常に深いのです。民主化以前ですと、朴正熙や全斗煥の時代の強権政治、開発独裁に対しては、違和感や嫌悪感を持っていた日本人が多かった。でも、民主化闘争以降、特にここ一〇年間くらいの韓国の民主制の成熟は目を見張るほどです。朴槿恵政権を倒した一〇〇万人集会では、ついに一人の死者も出さなかった。軍隊が市民に発砲し、一五〇人を超える死者を出した光州事件が一九八〇年のことですから、韓国の民主主義の成熟ぶりには驚かされます。民主主義の市民への根づきにおいて、日本はすでに韓国に抜かれたと思います。

どうして日本が民主主義の成熟度で韓国に抜かれたのかというと、日本の民主主義制度は市民が戦い取ったものではないからです。それは多くの日本人が実感していると思います。これまでずっと目下に見ていた韓国が、気がついてみたら、日本よりも民主主義において成熟していた。このあと、南北統一の問題でも、中国やアメリカとの交渉でも、文在寅大統領は安倍首相よりもはるかに精密な手際で、複雑な交渉を展開するだろうと思います。民主化闘争の中で生き延びてきた文大統領と、世襲政治家では経験の厚みが違う。

まだ経済的には日本のほうが上かもしれませんが、このアドバンテージがどこまで続くか、もうわからない。日本がこれから東アジアである程度のプレゼンスを維持したいと思うなら、日韓が相互に尊敬し合えるイーブン・パートナーとなるのが最も合理的な解だと僕は思います。

このあいだ、アメリカから来た友人から聞きましたけれど、東アジアにおけるハブ空港は、もう成田じゃなくて、仁川になったそうです。カリフォルニアから日本に来るときの便数が違うんだそうです。だから、まずアメリカから仁川に飛ぶ。仁川からなら関空や成田への便がいい。だから、アメリカから日本に来るときに、まず仁川か北京に、というのがもう普通だと聞きました。韓国は上り調子で、日本が落ち目だということは、一歩海外に出るとしみじみ実感します。

僕はここ数年毎年韓国に講演旅行に行っています。毎年、韓国の様々な団体が僕を呼んでくれる。いまの日韓関係は政治的には最悪ですけれど、それにもかかわらず、学ぶべきところは日本から学びたいという点では、韓国の人たちは非常に率直だし、貪欲なのです。でも、ひるがえって、日本人の側から、韓国から何を学ぶのか、何を受け入れるのか、どういう形で日韓連携を実現するのかという意欲を感じることはほとんどありません。韓国の日本文化吸収の努力と、日本人の韓国に対する無関心、この非対称性が結果的には韓国のアドバンテージをもたらしている。

まずは、日韓連携を何よりも優先すべきだと思います。この日韓連携を踏まえて、そこで培った人脈や技術や外交上の理論などを踏まえて、その次の段階に進む。一つずつ手づくりで東アジアを安定させる基盤をつくり出していって、それが最終的には東アジア共同体に結実すればよいと考えます。

僕が考えている東アジア共同体というのは、とりあえずは朝鮮半島と日本列島。ハブになるのが沖縄と台湾です。ロシア、中国、アメリカに対しては、東アジア共同体は、一定の独立性を持っていなきゃいけないだろうと思います。その中のどれかに与《くみ》したときは、その大国に飲み込まれてしまう。昔から一つの大国と周辺の小国との外交は「合従」か「連衡」です。アメリカがこれまで西太平洋で展開してきたのは「連衡」政策です。日本、韓国、台湾とそれぞれ個別に軍事同盟を結んでいた。けれども、同盟国同士の横の連携はとらせない。「分断して統治せよ（divide and rule）」という大英帝国以来の植民地政策をここにも適用していたわけです。

論理的には、これに対してはわれわれ小国が選択する道は「合従」しかない。小国が縦方向に連携する。この戦略の最大のメリットは、中国の「一帯一路」や「海上シルクロード」構想と同じで、誰でもそれが何を意味するかがわかるということです。「合従連衡」という四文字熟語の意味は、たぶん韓国でも台湾でも、あるいはベトナムでも理解される。いずこももとは漢字文化圏ですから。合従連衡は秦の始皇帝の時代の話ですけれど、その物語は東アジアでは基礎知識として共有されている。「合従と連衡」の二択と言えば、この地域の人たちには共同的な記憶として共有されている。「種族の記憶」として共有されている。ある政治的なアイディアが身体化しているかどうかということは、その実現可能性に深く関与すると思います。

木村　まさに儒教文化圏ですね。

内田　どんなに立派な政治理念であっても、「初めて聞く話」では訴求力が弱い。逆に、どれほど空想的なアイディアでも、「ああ、あれね」と頭の中にすぐにイメージが湧くというのとでは、現実化する可能性がずいぶん違う。僕はこの東アジア共同体のアイディアは、大国に挟まれた小国の生存戦略として、「秦の時代にあった、あれ」というふうにして日本、韓国、台湾が共有できるというところが、最大の強みではないかと思っています。

慰安婦問題がこじれた理由

鳩山　日韓連携を先に進めるという場合、私は大日本主義的な発想が日本にあると、すなわち韓国をどうしても蔑《さげす》んで見るような傾向が出ないかと心配です。まさにヘイト・スピーチのような。

木村　慰安婦問題で、そういう傾向はいちばん出ていますね。

鳩山　慰安婦問題の解決の仕方を考えるときに、内田先生がいつもおっしゃっているような無限責任の話だとすると、相手がもうこれ以上謝らなくてもいいと思うまでは、謝る気持ちを持ち続けることが大事だということだと思います。

一方で、二〇一五年の慰安婦問題の日韓合意というのは、アメリカからそうとう強引に介入されたのでしょうが、その合意内容はどう考えても上から目線で、もう謝ったのだから、二度と謝らないぞ、この問題はもう二度と繰り返すなというふうに聞こえるわけです。

そういうふうに韓国側に聞こえてしまうと、韓国の人たちはとても理解してくれないだろうし、納得しないようになるのではないかと当初から危惧していましたが、まさにその方向に動いてきています。

内田　僕は六年前から毎年韓国に行っていて、何度もメディアのインタビューを受けていますけれど、慰安婦問題について質問をされたのは最初の旅行のときの一回だけです。「内田さんは、慰安婦問題についてどういうご意見ですか?」と聞かれましたので、これに関しては、日本国民を代表して、ただ謝罪するほかありませんとお答えしたら、それでおしまいで、それ以降、似たような質問は一度も受けたことがありません。

鳩山　そうでしょう。

内田　謝るというのは、そういうことだと思うんです。別にのべつまくなしに、誰に対しても謝る必要なんかない。一度ていねいにきちんと謝っておけば、「あの人は謝った」という事実はすぐに情報として共有される。慰安婦問題で謝罪を嫌がる人たちは、一度謝ると、そのあと「謝って済むと思うか、誠意を示せ、誠意を」というようなヤクザの言いがかりのようなことを言われると思っているんでしょう。彼らが慰安婦問題で謝罪するのを異常に恐れるのは、たぶん生まれてから一度もきちんと謝ったことがないからだと思います。一度も謝ったことがないので、誠意を尽くして謝るということがどういうふるまいであって、それがどのような効果を及ぼすのかについて、何も知らない。実際に申し訳ないことをしたのだから、「すみませんでした」と謝る。それで問題は片づくんです。どうしてこんな合理的な解決法がそんなに嫌なのか。

鳩山　そうですよね。そういう気がするんです。だからトップが本気で、心から謝ればいい。

内田　そうです。トップが本気で謝れば、それで解決することなんです。

鳩山　解決すると思います。お金じゃない。

内田　口先で何か言っても、謝る気がないということが先方にはわかる。

木村　鳩山さんは、ソウルの西大門の刑務所跡に行って、追悼されたときに、日本国内で土下座外交だとかなり強く批判されましたよね。当然すべきことをやっても、ああいうふうにバッシングされますから、本当にいまの日本はおかしくなっていると思いますね。

韓国がいちばん弱っているときに、アメリカの圧力で、あのような日韓合意が結ばれたようです。米日韓三ヵ国の軍事的連携を行う必要があり、日韓両国に軍事情報包括保護協定を結ばせるためにも、まず慰安婦問題で妥協することをアメリカに強引に迫られて、日韓双方とも仕方なく交渉をして不本意ながら合意に至ったというのが実情ですね。

内田　日韓の外交当局が水面下で忍耐強い交渉をした結果、双方の合意点に達したという話じゃなくて、アメリカから「いい加減にしろ」とどなりつけられてできた合意ですから、両国とも不満がある。だから、こんな合意、実現されるはずがない。

木村　しかも、慰安婦問題の「最終かつ不可逆的な解決」という文言は文書にはなっていないんです。口頭だけの合意であるにもかかわらず、それをもう未来永劫、変えられないと解釈するのはあり得ない話です。

鳩山　ならば、もう一回、文書にしようという話をすればいいいんですね。

日中の連携を軸にして構築される東アジア共同体構想

鳩山　私は、クーデンホーフ・カレルギー、そして鳩山一郎の流れで「友愛」という思想が、これからの世の中にたいへん重要ではないかと考えています。かつてから重要だったとは思うのですが、いまのような不安定なときこそ、この「友愛」という考え方を世界に広めないといけないのではないかと考えています。その一つの結晶が、東アジア共同体であります。クーデンホーフ・カレルギーは「友愛」を唱えながら、全体主義と戦うためには、ヨーロッパが統合されなければいけないということを主張し、最終的に彼がやったというわけでは必ずしもありませんが、EUにまで発展し、その思想は結実をしました。

これまで激しい戦争をしていたドイツとフランスという二国の間で、一緒に行動をさせ、一緒に汗を流すことで、共同体意識を芽生えさせてきたことがEUにまでつながったと思っています。そのアナロジーで東アジア共同体を考えるときに、やはり日本と中国をどうやって仲直りさせていくかということを考えないと、東アジア共同体は絵に描いた餅に終わってしまうのではないかと思うのです。

内田さんのおっしゃる通り現実論からいくと、日韓を先にというほうがいいのかもしれませんが、私はあえて、日中関係の問題をきっかけに、共同体の芽生えをつくりたいと考えています。例えば東シナ海でのガス田開発などの協力の話は、温家宝首相から私のほうに提案があったぐらいです。再開しようじゃないかという話があった、その数日後に、私が総理を辞めてしまいました。その後、例の漁船の衝突事件があって、いっきょに関係が暗転してしまいました。ガス田開発などに日中で協力をして、これは日本にとってはあまり益のある話ではないかもしれませんが、日本の技術力の提供などを行うことで、中国人と日本人の距離感を近づけていくような作業が必要なのだと思います。それ以外でも、様々な日中の協力の仕方を、縦横につくり上げていきながら、日中をまずより友好な関係にしていきたいと、どうしても思ってしまいます。

習近平主席は、たぶんあと一〇年くらいやるつもりでいるのではないかと思います。そう考えますと、習近平主席に、いかに日本という国が協力すべき国であるかを理解させていくことが、大事ではないかと思っています。習近平主席の言葉で東アジア共同体構想は、何度か話をされているので、決して彼の頭にこれがないわけじゃない。東アジア共同体という場合には、日中韓を中心に考えているはずですから、日本と中国をどうやったらより共同体の仲間として協力的にできるかということも、習近平主席の頭の中には、希望的観測かもしれませんが、必ずあると私は思っています。

習主席の言葉として以前、私が聞いたのは、いくら中国が大国になっても、覇権主義はとらないという言葉です。背後の万里の長城の絵を見ながら、かつて万里の長城をつくったが、これは他国からの防衛のためにつくったものであって、決して攻撃的な手段ではなかった。特に周辺の国々とは仲よくしていきたいということを、おっしゃっていました。私はその言葉を素直に捉えて、日中をどうやったらより協力的にしていけるか、安倍首相も前向きに少しずつなってきているように思いますので、駒を進めるチャンスだと考えています。

私はいま、AIIBのインターナショナル・アドバイザリー・パネルという、国際助言機関みたいなものの委員をさせていただいていますが、その立場から言えば、どうも安倍首相の頭の中にも、AIIBに入る準備運動が始まったように思います。いままでは一帯一路に関しては条件付きで、みたいなことを話しておったようですが、そこからさらに一歩、進められて、一帯一路構想を進めていくための金融機関としてのＡＩＩＢの役割に前向きになりつつあるように思います。私はＡＩＩＢに日本が参加をすることが、中国にとってみれば、たいへん明るい、日中関係を好転させる大きな機会と捉えられると思っていまして、チャンスだと思っています。

私はアメリカも、実はＡＩＩＢに入りたがっていると思えてなりません。トランプ大統領はとにかくオバマ大統領のやること、なすことに反対することに関心を示しているとすれば、ＡＩＩＢに反対していたオバマに対して、トランプは前向きになってきているといえます。先日アメリカへ行って、いろいろと調べたら、やはりその可能性を感じました。

ただ、例えばＡＩＩＢにどのぐらいお金を出したら入れるのかというようなことを聞きに来てはいるようですが、実際に米国議会で中国にお金を出すということに対しては、なかなかＯＫは取れないのではないかとある方は言っていました。ＡＩＩＢにトランプは入りたいと考えている可能性はあるのですが、そう簡単に議会は承認しないだろうということです。

ですから、アメリカのそういう状況を横目で見ながら、アメリカに後れを取ってはならない。アメリカの後塵を拝して中国と協力することは、これは大きな恥になるでしょうから、その前に安倍首相が結論を出してくれることを、私は期待しています。

このようなことは、小さな話かもしれません。もちろん経済的な結びつきもたいへん重要ですし、それを無視するつもりもありませんが、それ以上に、私は戦争をしない不戦共同体となることが、はるかに意味があることではないかと思っています。EUには問題が多いとしても、この地域で戦争が起きていないということはたいへん大きなEUの功績だと思っています。

したがって、東アジア共同体をつくっていく場合に、トランプ大統領のように壁をつくって、その外の人たちと中を大きく差異化しようとは考えていません。当然、外からの反発は激しいと思いますが、外と中では壁はないし、入りたい人は、大いに入ってください。その代わり、そこでは不戦共同体ですよということにしたいのです。中に入った以上、中の人たちとお互いに協力していきましょうというような、政治的な共同体であれば、私はロシアにしても、アメリカにしても、どうぞお入りくださいということを言えると思うのです。

しかし、私が総理になってから初めて論文に東アジア共同体構想を提唱した際には、『ニューヨーク・タイムズ』で逆に解釈をされて、アメリカをアジアから排除するための手段として捉えられたようです。決してそういうものではないということがわかれば、東アジア共同体という構想に対して、アメリカが反対する理由はないと思っています。現実にアメリカに行って、いろんな方にこの話をしても、直接、反論を強く貰ったことはありませんでしたし、メディアなどでも同様です。ですから、きちっと内容を理解してもらえれば、それほどアメリカが目くじらを立てる問題でもないだろうと思っています。

先ほどの内田さんのお話でも、一つ、非常に一致したのは、東アジアの共同体において、沖縄が大きな役割を演じるだろうということです。こういう共同体をつくるときの核になるのは、日本・中国・韓国でしょうから、そこの首都なんかに本部を持っていったら、絶対うまくいかないわけです。やはり沖縄のような、あるいはチェジュ島（済州島）も、一つ考えられると思うんですけどね。

内田　そうですね。

鳩山　こういう離島であって、軍事的な色彩がいままで強かったような地域を、そうではない、むしろ平和な地域に変えるのだというようなメッセージを携えることが大事だと思っています。その意味では沖縄に中心的な役割を果たしてもらいたいと思っておりまして、そこに例えばＥＵの議会のようなもの、東アジア議会というようなものを設置できないかと考えています。東アジアの国々の人たちがそこで集って、常になんらかの議論をしているという場を設定することが、たいへん大きな意味があるのではないかと思っています。

木村　東アジア共同体構想の最大の障害というのは、やはりこの東アジア地域で覇権国家として、分割統治政策を行ってきた、アメリカの干渉といえると思います。また、急速に強大化しつつある中国が第二のアメリカになるようなことがあってはならないし、日本がその中国に対抗するような形で、戦前の大アジア主義と同じような復古的な大日本主義に向かうのも、大きな問題があることは明らかです。

東アジア共同体を構築するためには、領土問題だけでなく、歴史認識問題でも、大きな溝や課題もありますので、そこをなんとか克服して、沖縄を一つの拠点として踏み出していくことで、東アジアの平和と共生が実現していけるのではないかと思っています。

鳩山　そのような課題を解決していくためにも、あらゆる問題を常に議論できる場を沖縄につくりたいのです。そしてそれを核として、東アジア共同体を実現していきたいのです。

鼎談を終えて

本書は、鳩山友紀夫元首相と思想家・武道家である内田樹さん、そして私、木村朗（鹿児島大学、平和学）の三人による鼎談本です。この本が生まれるきっかけは、鳩山さんが二〇一七年に出された著書『脱大日本主義』（平凡新書）の帯の言葉と解説を内田さんが書かれており、そのお二人が唱えている安倍政権が志向する大日本主義からの脱却と対米従属の呪縛からの解放に私が大いなる共感を覚えたことでした。また二〇一六年に詩想社から出された鼎談本『誰がこの国を動かしているのか』（鳩山友紀夫・白井聡・木村朗）と共通の問題意識を強く感じたからでもあります。内田樹さんはすでに白井聡さんとも共著『属国民主主義論』（東洋経済新報社）、『日本戦後史論』（徳間書店）などを書かれて同様の主張を展開されてきており、私がそう感じてこの本の企画を提案させていただくことになったのもごく自然な流れであったのかもしれません。

鳩山さんは、本書の中で、「『脱大日本主義』という本を私は書きましたが、結局は自民党政治とともにずっと続いてきた大日本主義的な発想、つまり、誰もやらないことをやりたいとか、強い国にして、戦争ができる国にしたいとか、経済は強くなったが、経済以上に政治的にも世界の中心で輝く国にしたいといったことを安倍さんはおっしゃっていますが、そういった国民のためにどうするかではなく、大国主義的な発想がまず、彼の頭の中にはあるように思えてなりません。でも、現実はどうかといえば、この国はもう将来、一億人を間違いなく切る時期が来るし、そのときには四割近い方が高齢者なのです。もう成長を競うような時代ではなく、いかにして成熟国家として、一人ひとりの幸せというものをつくり上げていくかということが求められているときに、一人ひとりの幸せではなくて、自分の幸せという意味では、憲法改正でしょうし、大企業の幸せというのは考えているかもしれませんが、どう考えても、いまの成熟社会の一人ひとりの幸せを優先して考えて政策をつくり上げる人ではないのでしょう。」と語っておられますが、これは三人の共通の問題意識と言っていいと思います。

内田さんの鼎談の中での縦横無尽かつ自由闊達なお話に接して、その知識の広さと深さは圧倒的であり、「知の巨人」と称されるだけの存在であることを実感させていただきました。特に、内田さんの持論でもある「暖簾分け戦略」、すなわち「対米従属を通じての対米自立」という戦後日本外交の本質的矛盾をとらえた見方と現在の安倍政権が「対米従属を通じた政治（軍事）大国化」という愚かな道を歩もうとしているという指摘はすごく説得力があるとあらためて感じたところです。また、内田さんが、鳩山さんのことを「胆力のある信頼できる方」「（自己抑制力という）稀有な資質を具えた政治的実践家」、「きわめて偏見の少ない政治理論家」と評されていることに私もまったく同感です。

本書の全体のテーマは、冷戦終結後の「失われた二〇年（三〇年）」の総括、つまり平成の三〇年間とは日本にとってどのような時代であったのか、また日本はいまどこに向かおうとしているのか、というものでした。それを一言で言い表すのは困難ですが、あえて結論的に言えば、冷戦終了後に登場した二つの非自民党政権である細川政権（一九九三年）と鳩山政権（二〇〇九年）に象徴されるように対米自立を模索して挫折した時代であったと同時に、アメリカ流の弱肉強食を特徴とする強欲（金融）資本主義がグローバル化する中であらゆるものが株式会社化する特異な時代であった、ということになると思います。本書の題名を「株式会社化する日本」とさせていただいた理由も、安倍晋三首相が、日本をシンガポールのような「世界一、企業が活躍しやすい国を目指す」と何度も公言していることを内田さんがこれまで何度もズバリ指摘されていたこともあったからです。

本書では、個別テーマとして、対米従属や株式会社化の問題以外に、天皇制と立憲デモクラシー、トランプ政権と新しい世界の動き、沖縄問題と東アジア共同体構想、脱大日本主義への転換なども取り上げて、さまざまな角度から論じています。

内田さんが「まえがき」に書かれているように、天皇制の評価については、内田さんと鳩山さんが近く、私は少し異なった意見・立場でした。また、トランプ大統領とトランプ政権については、内田さんが否定的で私が肯定的、鳩山さんはどちらかと言えばその中間といった立ち位置だったと思います。ただ、その他の問題ではほとんど意見・評価は一致できていたと思います。

特に、安倍政権が目指しているのは無謀かつ危険な大日本主義であり、日本はそうした「大国志向の幻想」から早く目覚めなければならない、その試金石となるのが辺野古新基地建設に象徴される沖縄の基地問題である。また、日本が対米自立を果たし沖縄の自己決定権を尊重するような形で「沖縄問題」という名の「日本問題」を解決しなければならない。そして、沖縄を拠点にして日本が東アジア諸国の連結点となるような役割を果たすことがいま求められている、とりわけ朝鮮半島和解のプロセスに積極的に関わって東アジアの共生と平和を実現していくことが日本の喫緊の課題である、等々が、本書での三人からの共通の提言となっていると思います。

最後に、本書を最後まで読んでいただいた読者諸氏に感謝の意を表するとともに、本書に対する率直なご意見をお待ちしています。そして、私の拙い司会進行による二回の鼎談に辛抱強く最後までおつき合いいただいた鳩山さんと内田さん、また今回も厳しい出版事情の中で本書を世に出していただいた詩想社の金田一一美社長に御礼を申し上げます。

木村 朗

（写真撮影・ヒロタノリト）

内田 樹（うちだ たつる）

1950年生まれ。思想家、武道家、神戸女学院大学名誉教授、凱風館館長。東京大学文学部仏文科卒業。東京都立大学大学院博士課程中退。『ためらいの倫理学』（角川文庫）、『私家版・ユダヤ文化論』（文春新書、第6回小林秀雄賞受賞）、『日本辺境論』（新潮新書、新書大賞2010受賞）、『街場の天皇論』（東洋経済新報社）など著書多数。第3回伊丹十三賞受賞。

鳩山友紀夫（はとやま ゆきお）

1947年生まれ。元内閣総理大臣、東アジア共同体研究所理事長。東京大学工学部卒業、スタンフォード大学工学部博士課程修了。1986年初当選。93年細川内閣で官房副長官を務める。2009年、民主党代表、第93代内閣総理大臣に就任。10年総理大臣を辞任、12年政界引退。氏名表記を鳩山由紀夫から鳩山友紀夫に変更。著書に『脱 大日本主義』（平凡社）などがある。

木村 朗（きむら あきら）

1954年生まれ。鹿児島大学法文学部教授。日本平和学会理事、東アジア共同体・沖縄（琉球）研究会共同代表、東亜歴史文化学会副会長、国際アジア共同体学会常務理事。『危機の時代の平和学』（法律文化社）、共編著『20人の識者がみた「小沢事件」の真実』（日本文芸社）、『沖縄自立と東アジア共同体』（花伝社）、共著『沖縄謀叛』（かもがわ出版）など著者多数。

詩想社新書

詩想社新書発刊に際して

詩想社は平成二十六年二月、「共感」を経営理念に据え創業しました。なぜ人は生きるのかを考えるとき、その答えは千差万別ですが、私たちはその問いに対し、「たった一人の人間が、別の誰かと共感するためである」と考えています。

人は一人であるからこそ、実は一人ではない。そこに深い共感が生まれる――これは、作家・国木田独歩の作品に通底する主題であり、作者の信条でもあります。

私たちも、そのような根源的な部分から発せられる深い共感を求めて出版活動をしてまいります。独歩の短編作品題名から、小社社名を詩想社としたのもそのような思いからです。

くしくもこの時代に生まれ、ともに生きる人々の共感を形づくっていくことを目指して、詩想社新書をここに創刊します。

平成二十六年

詩想社

詩想社
―新書―
26

株式会社化する日本

2019年３月28日　第１刷発行

著　　者　内田 樹　鳩山友紀夫　木村 朗
発 行 人　金田一一美
発 行 所　株式会社 詩想社
〒151-0073　東京都渋谷区笹塚1―57―5 松吉ビル302
TEL.03-3299-7820　FAX.03-3299-7825
E-mail info@shisosha.com
D T P　株式会社 キャップス
印 刷 所　株式会社 恵友社
製 本 所　株式会社 川島製本所

ISBN978-4-908170-19-5

詩想社新書

10

資本主義の終焉、その先の世界

榊原英資
水野和夫

大反響4刷！「より速く、より遠くに、より合理的に」が限界を迎えた私たちの社会。先進国の大半で利子率革命が進展し、終局を迎えた資本主義の先を、反リフレ派の二人が読み解く。

本体920円＋税

12

誰がこの国を動かしているのか

鳩山友紀夫
白井　聡
木村　朗

元・総理が、この国のタブーをここまで明かした！　総理でさえままならない「対米従属」というこの国の根深い構造とともに、鳩山政権崩壊の真相を暴き、「戦後レジーム」からの真の脱却、真の独立を説く。

本体920円＋税

19

「文系力」こそ武器である

齋藤　孝

「文系は役に立たない」は本当なのか？　「理系になれなかった人」が、文系なのではない。文系人間の持つ文系力とはいかなるもので、それが社会をどう動かしてきたかを明らかにし、文系力の鍛え方、社会と自分の人生への生かし方も説く。

本体920円＋税

20

権力者とメディアが対立する新時代

マーティン・ファクラー

特定メディアへの敵意をむき出しにするトランプ、安倍…権力者とメディアの闘いの最前線と、新メディア乱立でフェイクニュースがあふれる時代のメディアリテラシーをニューヨーク・タイムズ前東京支局長が説く。

本体920円＋税